Norbert Griebl

Mein ungezähmter Garten

Haupt
NATUR

Norbert Griebl

Mein ungezähmter Garten

Die 100 besten heimischen Pflanzen zum Verwildern

Haupt Verlag

1. Auflage: 2017

Bibliografische Angaben der Deutschen Nationalbibliothek
Die Deutsche Nationalbibliothek verzeichnet diese Publikation in der Deutschen Nationalbibliografie; detaillierte bibliografische Daten sind im Internet über http://dnb.dnb.de abrufbar.

ISBN 978-3-258-08001-7

Der Haupt Verlag wird vom Bundesamt für Kultur mit einem Strukturbeitrag für die Jahre 2016–2020 unterstützt.

Umschlagabbildungen
Vorne: Ulrike Mai/Pixabay
Hinten: Christine Kuchem/Fotolia
Klappe vorne: Marc Tollas/Pixelio

Satz und Gestaltung: Kösel Media GmbH, Krugzell
Printed in Germany

www.haupt.ch

MIX
Papier aus verantwortungsvollen Quellen
FSC® C110508

Inhalt

Warum ein ungezähmter Garten? 7

Pflanzen zum Verwildern – eine Übersicht 13

Pflanzen zum Verwildern 19

- Einjährige Arten 19
- Zweijährige Arten 29
- Mehrjährige Arten 65

Anhang 222

- Bezugsquellen für heimische Pflanzen und Saatgut 222
- Literatur 224
- Bildnachweis 226
- Register 227

Warum ein ungezähmter Garten?

Gärten, die gleichzeitig Erholungsraum für die Menschen und Lebensraum für gefährdete Pflanzen- und Tierarten sind, Grünflächen, in denen die Natur selbst Gartengestalter ist und in denen der Mensch nur regulierend eingreift – das sind die wertvollen Gärten der Zukunft! Wenn dazu noch heimische Pflanzen die Untermieter im Garten sind, wird aus diesem schnell eine Insel der Artenvielfalt. Und in einer zusehends ausgeräumten Landschaft, in der vielerorts übersäuerte Fichtenforste, Hybrid-Pappelplantagen zur Bioenergiegewinnung oder totgespritzte Maisäcker das monotone Bild beherrschen, ist es wichtiger denn je, der Natur solche Refugien zu bieten.
Wilde, ungezähmte Gärten voller Leben erfüllen neben ihrer ästhetischen Funktion die wichtige Aufgabe als Lebensraum für viele verschiedene Lebewesen. Sie sind quasi kleine Naturschutzgebiete, in denen man die spannenden Abläufe der Natur beobachten kann.

Der ungezähmte Garten – kein Garten für jedermann
Wilde, ungezähmte Gärten sind geeignet für jene Menschen, welche Schönheit in der authentischen Natur finden und die auch mit «Unordnung» umgehen können und Unregelmäßigkeit im Garten schön finden. Für Menschen, bei denen der Garten das verlängerte Wohnzimmer sein soll, deren Blick gerne über gepflegte Rasenflächen schweift, ist der ungezähmte Garten ganz sicher die falsche Wahl und sie werden mit dieser Grünfläche unglücklich sein.
Für die erste Gruppe jedoch wird er eine Quelle der Inspiration sein, eine Möglichkeit, die durch den Alltag oft schnell verbrauchte Energie wieder aufzutanken. Natürlich freut es, wenn man im Frühling einen Rosenstock im Gartencenter kauft und im Sommer zeigt dieser seine ersten Blüten. Noch viel größer ist allerdings die Freude, wenn ein Mohn, eine Akelei oder ein anderes hinreißendes Geschöpf irgendwo wild im Garten, gar in einer Pflasterritze aufgeht und die prächtigsten Blüten zeigt. Für die Menschen, die darin ein Wunder sehen, ist der ungezähmte Garten genau das Richtige.
Ungezähmt bedeutet aber nicht ungepflegt. Der Weg zum wilden Garten braucht etwas Planung und in vielen Fällen auch Vorarbeit (vgl. unten). Einfach die Pflege des Gartens zu reduzieren und dann von einem wilden oder ungezähmten Garten zu sprechen, funktioniert nicht. Solche Gärten können schnell unnatürlich verwildert wirken oder gar undurchdringlich werden. Auch die Pflanzen, die sich selbst ausbreiten dürfen, müssen beobachtet und etwas gepflegt werden, bei ungewünschter Verbreitung wird der Mensch regulierend eingreifen.
In diesem Buch werden hundert heimische Pflanzenarten vorgestellt, mit denen ich im Zuge meiner 30-jährigen Tätigkeit als Gartengestalter gute Erfahrungen gemacht habe. Sie alle sind robust und lieben es, möglichst selbstständig dahinzuwachsen.
Zwei von diesen hundert

haben einen unbändigen Ausbreitungsdrang, vor dem gewarnt werden muss: der Zwerg-Holunder (Seite 192) und der Echte Beinwell (Seite 204). Vor allem die erste Art verbreitet sich so rasch, dass sie bald den gesamten Garten besetzt haben kann. Sie eignet sich also wirklich nur für Gärten, in denen solch ein Wuchsverhalten gewünscht wird. Los wird man den Zwerg-Holunder praktisch nicht mehr. Auf den Ausbreitungsdrang wird bei jeder Art eingegangen, damit die passenden Pflanzen gewählt werden können.

Was sind heimische Pflanzen?

Es gibt unterschiedliche Definitionen für heimische Pflanzen. Ich verstehe darunter Pflanzen, die irgendwo in Deutschland, Österreich, der Schweiz, Liechtenstein oder Südtirol ursprünglich oder alteingebürgert (archäophytisch) sind, also vor dem Jahr 1492 bei uns schon verbreitet waren. Die meisten Archäophyten kamen in prähistorischer Zeit mit dem Sesshaftwerden des Menschen (neolithische Revolution) und der Einführung des Ackerbaus in der Jungsteinzeit in unser Gebiet. Oft handelt es sich um Ackerunkräuter, die im Mittelmeergebiet oder in Südwestasien ihren Ursprung haben.

Würde man den Begriff «heimisch» enger sehen, so dürfte man beispielsweise den Roten Fingerhut *(Digitalis purpurea)* nur im Westen des Gebietes, östlich bis zum Thüringer Wald und bis zum Harz setzen, weil er im östlich und nördlich anschließenden Teil Mitteleuropas und in den Alpen nur verwildert oder eingebürgert auftritt.

Ausbreitungsdrang

◉	gering
◉◉	mäßig
◉◉◉	stark
◉◉◉◉	sehr stark

Im ungezähmten Garten dürfen sich die Pflanzen (teilweise) ihr Plätzchen selbst aussuchen. Sie danken es oft mit prächtigen Blüten – sogar unter kargen Bedingungen.

Artenwahl

Egal für welche Arten man sich in seinem Garten entscheidet, wir sollten Wildformen der heimischen Pflanzen wählen. Hier sind Jungpflanzen oder Saatgut oft schwieriger zu bekommen, sie haben aber bedeutend mehr ökologischen Wert. Für den Artenschutz sind nur züchterisch unbeeinflusste Wildformen von Bedeutung. Für die Tierwelt, als Wildgemüse, Arzneipflanze und Ähnliches mehr sind auch züchterisch beeinflusste Sorten wertvoll – ein wirklich harmonisch-homogenes Bild geben aber nur die Wildformen ab.
Baumärkte und Gartencenter sind hier meist die falschen Bezugsquellen, spezialisierte Staudengärtnereien und Saatgutfirmen die richtigen. Im Anhang findet sich eine Auswahl für solche Bezugsquellen.

Reich blüht es im wilden Garten und die Pracht hält oft monatelang an.

Wie wird mein Garten zum wilden Garten?

Der Garten verwandelt sich nicht von alleine in einen schönen wilden Garten. Zu bedenken ist, dass beispielsweise das Erdreich unter einem stets gepflegten Schurrasen, der wöchentlich gemäht und zwei Mal jährlich mineralisch gedüngt und mit Herbiziden gegen zweikeimblättrige Pflanzen (Unkraut) behandelt wurde, praktisch tot ist. Wenn man nun einen solchen Rasen zur Blumenwiese werden lassen möchte, kann dies nicht einfach durch Verminderung der Mähdurchgänge geschehen. Die Gräser würden zur Blüte kommen und Stickstoff liebende Schmetterlingsblütler wie Luzerne und Klee würden sich ineinander verfilzen. Hier ist notwendig, den Boden vorgängig abzumagern. Je nährstoffärmer ein Boden ist, desto artenreicher wird er. Ehemals intensiv gepflegte Gartenböden sind meist ausgesprochen stickstoffreich und damit artenarm. Sie müssen entdüngt werden. Dies geschieht am einfachsten durch Einbringen von viel Sand oder feinem Kies. Je höher die Schicht Sand/Kies ist, die aufgetragen wird, desto besser. Damit die Wurzeln, die im darunter liegenden Boden noch vorhanden sind, nicht durch die magere Schicht durchkommen, muss in doppelter Lage ein Vlies gelegt werden, welches zwar das Wasser durchlässt, nicht aber Quecke, Acker-Schachtelhalm und Kriech-Klee. Auch nach dieser Vorarbeit reicht es nicht, darauf zu warten, dass sich in diese geschaffenen Voraussetzungen die bunten Blumen von alleine einstellen. Wir würden enttäuscht werden. Versuche haben gezeigt, dass sich vor allem diejenigen Pflanzen von alleine ansiedeln würden, die wir nicht unbedingt wollen und die ökologisch wenig wertvoll sind. Den Grund dafür haben ebenfalls Versuche gezeigt. Die Pflanzen, die wir im wilden Garten haben wollen, überwinden schon Entfernungen von 200 Metern nicht mehr. Zudem gibt es kaum noch Naturwiesen, von denen Samen herfliegen könnten. Wir müssen also gezielt ansäen oder – besser noch – fertige Pflanzen aussetzen. Die gewünschten Pflanzen werden in den puren Sand/Kies gesetzt. Dazu macht man ein kleines Loch – so groß wie der Ballen der jeweiligen Pflanze – und setzt diesen hinein. Hierfür eignen sich vor allem Hungerleider wie Natternkopf (Seite 46), Königskerze (Seite 60), Quendel (Seite 210), Mauerpfeffer (Seite 196), Färber-Hundskamille (Seite 76), Österreicher-Lein (Seite 158) usw. Das Bild auf dieser Magerfläche wird sich nun jährlich ändern. In einem Jahr dominiert das Gelb der prächtigen Königskerzen-Blütenstände, dann wieder das Rosa des Tausendgüldenkrautes und im dritten Jahr harmonieren blauer Natternkopf und rosa Malve hervorragend. Natürlich ist auch in solch abgemagerten Gartenteilen eine gewisse Pflege nötig, wenngleich meist nur regulierend eingegriffen werden muss, wenn es das eine oder andere Kraut zu gut meint und versucht, die ganze Fläche für sich alleine zu beanspruchen.

Schritt 1: Entfernen der Grasnarbe

Schritt 2: Aufbringen von Vlies, darüber Sand oder Kies

Schritt 3: Aufteilen der Pflanzen

Schritt 4: Setzen der Pflanzen in den Sand/Kies

Schritt 5: Im Jahr darauf

Ist man nun nicht gewillt, den Anfangsaufwand zu betreiben und Teile des Gartens abzumagern, kann auch anders vorgegangen werden. Dazu setzt man in die nährstoffreichen Böden Initialpflanzen, die den Nährstoffreichtum vertragen, und fördert ihre Ausbreitung. Roter Fingerhut (Seite 42), Wiesen-Storchschnabel (Seite 132) und Eselsdistel (Seite 58) sind für dieses Vorgehen geeignet. Durch gezielte Mahd und Freischneiden werden die gewünschten Pflanzen gefördert. Stickstoffreiche Böden sind aber immer pflegeintensiver als karge, nährstoffarme Böden.

Ein Teich oder Sumpfbiotop bereichert jeden ungezähmten Garten. Fertigteiche sind hier die falsche Wahl. Im wilden Garten wird der Teich durch Folie oder Lehm wasserdicht gemacht. Die Uferzone ist groß, denn sie beheimatet die größte Artenfülle. Von der Folie ist nichts zu sehen und der Übergang vom Wasser zum Land verläuft fließend.

Ähnlich natürlich wird beim Schattengarten, bei Wildstrauchhecken und Gehölzgruppen vorgegangen. Die Gehölze und Stauden, wenn möglich heimisch, werden ausgesucht und gesetzt. Die dazwischen liegenden Flächen bekommen eine dicke Mulchschicht aus Laub, Hanfhäcksel, Stein, Holzhäcksel oder anderen natürlichen Materialien und nun wird beobachtet, wie sich welche Art im Garten verhält. Je nach Entwicklung der Arten muss freilich auch hier regulierend eingegriffen werden.

Teich im ungezähmten Garten

Ungezähmter Schattengarten

Ökologisch wertloser, monotoner Rasen

Ökologisch wertvoller, abwechslungsreicher Rasen

Das Glück im ungezähmten Garten

Der Mensch hat ursprünglich in Mitteleuropa für eine Steigerung der Artenvielfalt gesorgt – durch Schaffung neuer, naturnaher Biotope in einer abwechslungsreichen Kulturlandschaft mit extensiven Weiden, Streuobstwiesen, Teichen und anderen Formen der frühen menschlichen Nutzung. Durch die Intensivierung der Land- und Forstwirtschaft hat die Landschaft wesentliche Änderungen erfahren. Vor allem der übertriebene Nährstoffeintrag sorgt für eine Verarmung der Landschaftsvielfalt. Unsere Gärten sind oft Spiegelbild dieser Entwicklung. Monotone, überpflegte Rasen, drei Mal im Jahr geschnittene Scheinzypressen-Hecken und Ähnliches mehr galten lange als das Ideal des Gartens. Hinterfragt man dies allerdings bei den Gartenbesitzern, wird schnell klar, warum jeden Samstag pünktlich um acht Uhr der erste Rasenmäher gestartet wird. Man will halt wie die anderen einen gepflegten Garten haben. Finden die Gartenbesitzer Gefallen an diesen Gärten? Nein, lieber wäre schon eine Blumenwiese, aber dann würde sich der Nachbar über die vielen Schnecken und unerwünschte pflanzliche Eindringlinge beklagen.
Es wird auch noch eine Zeit dauern, bis den meisten Gartenbesitzern klar wird, dass die Schneckenplage durch den Mähwahn entstanden ist und nicht dadurch, dass seltener gemäht wird.
Heute wächst aber auch das Naturverständnis und mehr und mehr Menschen haben den Mut, ihren Garten etwas ungezähmter und wilder zu gestalten. Wildnis kann vernachlässigt, unordentlich und chaotisch wirken und sogar Angst hervorrufen. Andererseits ist Wildnis wieder ein Sehnsuchtsort geworden, den wir mit Schönheit, Stille, Harmonie, Zeitlosigkeit und Einfachheit verbinden – Eigenschaften, die oft verloren und nun mehr und mehr gesucht werden. Im Wilden finden wir den ausgleichenden Gegenpol zu unserer manches Mal gegebenen inneren Ruhelosigkeit und der zunehmenden Überforderung im hektischen Alltag. Wir finden eine Umgebung, die echt und ungeschminkt schön ist, die sich nicht maskiert, nichts vorgaukelt und in der ein ganz anderer, langsamerer Zeitbegriff den Ton angibt.

Pflanzen zum Verwildern – eine Übersicht

Botanischer Name	Deutscher Name	für magere, helle Standorte	für nährstoffreiche, helle Standorte	für schattige Gartenpartien	für Feuchtbiotope	Salz ertragend	vermehrt sich über Samen	vermehrt sich über Ausläufer	enorm ausbreitungsfreudig	Pollen/Nektarquelle für Insekten	Schmetterlingsraupenpflanze	nützlich für Wildvögel	nützlich für Säugetiere	Bodensicherung/Hangsicherung	Bodenverbesserer	biologischer Pflanzenschutz	Wildgemüse, Wildobst	Heilpflanze	Räucherpflanze	Zierpflanze	Artenschutz
Achillea millefolium	Wiesen-Schafgarbe	x	x			x	x	x		x	x		x	x	x	x	x	x	x	x	
Ajuga reptans	Kriechender Günsel			x			x	x		x	x			x			x			x	
Alchemilla hoppeana	Kalk-Frauenmantel	x					x			x	x							x		x	x
Allium ursinum	Bär-Lauch			x			x			x			x			x	x	x		x	
Anemone nemorosa	Busch-Windröschen			x				x		x	x									x	
Angelica archangelica	Echte Engelwurz		x		x	x	x			x	x	x					x	x	x	x	
Anthemis tinctoria	Färber-Hundskamille	x					x			x	x	x								x	x
Aquilegia vulgaris	Gemeine Akelei	x		x			x			x								x		x	x
Aristolochia clematitis	Echte Osterluzei		x				x			x	x									x	x
Aruncus dioicus	Wald-Geißbart			x			x			x	x		x	x			x			x	
Aster amellus	Berg-Aster	x					x			x	x									x	x
Astrantia major	Große Sterndolde			x			x			x	x									x	x
Atocion armeria	Nelken-Leimkraut	x					x			x										x	x
Aurinia saxatilis	Felsen-Steinkraut	x					x			x				x						x	x
Barbarea vulgaris	Echte Winterkresse		x		x		x			x	x						x			x	
Bellis perennis	Gänseblümchen		x				x			x	x		x				x	x		x	
Buglossoides purpurocaerulea	Purpurblauer Steinsame	x		x			x	x		x										x	x

Botanischer Name	Deutscher Name	für magere, helle Standorte	für nährstoffreiche, helle Standorte	für schattige Gartenpartien	für Feuchtbiotope	Salz ertragend	vermehrt sich über Samen	vermehrt sich über Ausläufer	enorm ausbreitungsfreudig	Pollen/Nektarquelle für Insekten	Schmetterlingsraupenpflanze	nützlich für Wildvögel	nützlich für Säugetiere	Bodensicherung/Hangsicherung	Bodenverbesserer	biologischer Pflanzenschutz	Wildgemüse, Wildobst	Heilpflanze	Räucherpflanze	Zierpflanze	Artenschutz
Buphtalmum salicifolium	Ochsenauge	x					x			x										x	x
Campanula rapunculoides	Acker-Glockenblume	x	x				x	x		x				x			x			x	
Cardamine pentaphyllos	Fünfblättrige Zahnwurz			x			x			x										x	x
Carduus nutans	Nickende Distel		x				x			x	x	x	x							x	x
Carex pseudocyperus	Zypergras-Segge				x		x							x						x	
Centaurium erythraea	Echtes Tausendgüldenkraut	x					x			x								x		x	x
Centranthus ruber	Rote Spornblume	x					x			x	x									x	
Chrysosplenium alternifolium	Wechselblättriges Milzkraut			x	x		x	x		x				x						x	
Cirsium eriophorum	Wollkopf-Kratzdistel	x	x				x			x		x	x		x		x			x	x
Crocus exiguus	Illyrischer Krokus	x	x				x			x										x	
Cyanus montanus	Berg-Flockenblume		x				x			x							x			x	x
Cymbalaria muralis	Zimbelkraut	x		x			x			x										x	
Cynoglossum officinale	Echte Hundszunge		x				x			x	x			x		x				x	x
Dianthus deltoides	Heide-Nelke	x					x			x							x			x	x
Digitalis purpurea	Roter Fingerhut			x			x			x	x		x					x		x	
Dipsacus fullonum	Wilde Karde		x				x			x	x	x	x	x				x		x	
Doronicum pardaliarches	Kriechende Gamswurz			x			x	x		x				x						x	x
Dryopteris filix-mas	Gemeiner Wurmfarn			x							x			x		x				x	
Echinops sphaerocephalus	Bienen-Kugeldistel		x				x			x		x								x	
Echium vulgare	Gewöhnlicher Natternkopf	x					x			x	x	x		x						x	x
Epilobium angustifolium	Schmalblättriges Weidenröschen		x				x		x	x	x			x			x	x		x	

Botanischer Name	Deutscher Name	für magere, helle Standorte	für nährstoffreiche, helle Standorte	für schattige Gartenpartien	für Feuchtbiotope	Salz ertragend	vermehrt sich über Samen	vermehrt sich über Ausläufer	enorm ausbreitungsfreudig	Pollen/Nektarquelle für Insekten	Schmetterlingsraupenpflanze	nützlich für Wildvögel	nützlich für Säugetiere	Bodensicherung/Hangsicherung	Bodenverbesserer	biologischer Pflanzenschutz	Wildgemüse, Wildobst	Heilpflanze	Räucherpflanze	Zierpflanze	Artenschutz
Euphorbia cyparissias	Zypressen-Wolfsmilch	x					x	x		x	x									x	
Ficaria verna	Echtes Scharbockskraut			x						x							x	x		x	
Filipendula ulmaria	Echtes Mädesüß				x		x			x	x	x					x	x	x	x	
Fragaria vesca	Wald-Erdbeere	x	x	x			x	x		x	x	x	x	x			x	x		x	
Galeopsis speciosa	Bunter Hohlzahn		x				x			x	x							x		x	
Galium verum	Echtes Labkraut	x					x			x	x							x		x	x
Geranium pratense	Wiesen-Storchschnabel		x				x			x	x									x	x
Geum rivale	Bach-Nelkenwurz				x		x			x	x									x	x
Hacquetia epipactis	Schaftdolde			x			x			x										x	x
Hedera helix	Efeu			x			x	x		x	x	x	x	x		x		x		x	
Helleborus foetidus	Ruch-Nieswurz		x				x			x										x	x
Hesperis matronalis	Echte Nachtviole		x				x			x	x						x			x	
Honorius nutans	Nickender Milchstern	x	x				x			x										x	
Hyoscyamus niger	Schwarzes Bilsenkraut		x				x			x	x							x		x	x
Hypericum peforatum	Gemeines Johanniskraut	x					x			x	x	x					x	x	x	x	
Inula hirta	Rauer Alant	x					x			x		x								x	x
Iris sibirica	Sibirische Schwertlilie				x		x			x										x	x
Lamiastrum montanum	Goldnessel		x	x			x	x		x				x			x			x	
Lathyrus latifolius	Breitblättrige Platterbse	x					x	x		x				x	x					x	x
Leucanthemum vulgare	Wiesen-Margerite	x					x			x	x						x			x	
Leucojum vernum	Frühlings-Knotenblume		x	x			x			x										x	x

Botanischer Name	Deutscher Name	für magere, helle Standorte	für nährstoffreiche, helle Standorte	für schattige Gartenpartien	für Feuchtbiotope	Salz ertragend	vermehrt sich über Samen	vermehrt sich über Ausläufer	enorm ausbreitungsfreudig	Pollen/Nektarquelle für Insekten	Schmetterlingsraupenpflanze	nützlich für Wildvögel	nützlich für Säugetiere	Bodensicherung/Hangsicherung	Bodenverbesserer	biologischer Pflanzenschutz	Wildgemüse, Wildobst	Heilpflanze	Räucherpflanze	Zierpflanze	Artenschutz
Linum austriacum	Österreicher-Lein	x					x			x										x	x
Lunaria rediviva	Wilde Mondviole			x	x		x			x	x			x						x	x
Luzula nivea	Schneeweiße Hainsimse	x		x			x			x										x	x
Lychnis coronaria	Kranz-Lichtnelke	x	x				x			x										x	
Lysimachia nummularia	Pfennigkraut	x	x	x	x			x		x				x			x			x	
Lythrum salicaria	Blut-Weiderich				x	x	x			x	x						x	x		x	
Malva sylvestris	Wilde Malve		x				x			x	x	x	x				x	x		x	
Melampyrum arvense	Acker-Wachtelweizen	x	x				x			x	x	x								x	x
Myosotis sylvatica	Wald-Vergissmeinnicht		x	x			x			x		x					x			x	
Narcissus pseudonarcissus	Gelbe Narzisse	x					x			x						x				x	x
Onopordum acanthium	Eselsdistel		x				x			x	x	x					x	x		x	x
Papaver rhoeas	Klatsch-Mohn	x	x				x			x		x						x	x	x	x
Peltaria alliacea	Lauch-Scheibenschötchen		x				x			x							x			x	x
Physalis alkekengi	Gewöhnliche Blasenkirsche		x	x			x	x		x		x	x	x			x			x	x
Phyteuma spicatum	Ähren-Rapunzel	x		x			x			x							x			x	x
Pilosella aurantiaca	Oranges Habichtskraut	x					x	x		x				x			x			x	x
Polemonium caeruleum	Himmelsleiter		x		x		x			x										x	x
Potentilla recta	Hohes Fingerkraut	x					x			x	x									x	x
Primula vulgaris	Schaftlose Schlüsselblume	x	x	x			x			x	x						x	x		x	x
Pseudofumaria lutea	Gelber Lerchensporn	x					x			x				x						x	x
Pulmonaria mollis	Weiches Lungenkraut	x	x	x			x			x	x									x	x

Botanischer Name	Deutscher Name	für magere, helle Standorte	für nährstoffreiche, helle Standorte	für schattige Gartenpartien	für Feuchtbiotope	Salz ertragend	vermehrt sich über Samen	vermehrt sich über Ausläufer	enorm ausbreitungsfreudig	Pollen/Nektarquelle für Insekten	Schmetterlingsraupenpflanze	nützlich für Wildvögel	nützlich für Säugetiere	Bodensicherung/Hangsicherung	Bodenverbesserer	biologischer Pflanzenschutz	Wildgemüse, Wildobst	Heilpflanze	Räucherpflanze	Zierpflanze	Artenschutz
Pulsatilla vulgaris	Echte Kuhschelle	x					x			x								x		x	x
Salvia glutinosa	Klebriger Salbei			x			x			x	x	x			x		x			x	x
Sambucus ebulus	Attich		x				x	x	x	x	x	x	x	x		x				x	
Saponaria ocymoides	Rotes Seifenkraut	x					x			x				x						x	x
Sedum album	Weißer Mauerpfeffer	x					x			x	x									x	x
Sempervivum tectorum	Dach-Hauswurz	x					x	x		x	x						x	x		x	x
Senecio cordatus	Alpen-Greiskraut		x				x			x										x	
Stellaria holostea	Große Sternmiere			x			x	x		x	x									x	x
Symphytum officinale	Echter Beinwell		x		x		x		x	x	x			x		x		x		x	
Tanacetum vulgare	Rainfarn		x				x			x	x					x		x	x	x	
Thalictrum aquilegifolium	Akeleiblättrige Wiesenraute		x		x		x			x	x									x	x
Thymus praecox	Frühblühender Quendel	x					x	x		x	x			x			x	x	x	x	x
Trifolium rubens	Fuchsschwanz-Klee	x					x			x					x		x			x	x
Verbascum speciosum	Pracht-Königskerze	x					x			x		x					x	x	x	x	x
Veronica teucrium	Großer Ehrenpreis	x					x			x	x									x	x
Vinca minor	Kleines Immergrün			x				x		x	x			x						x	
Viola tricolor	Feld-Stiefmütterchen	x	x				x			x	x						x	x		x	x
Viscaria vulgaris	Gemeine Pechnelke	x					x			x	x					x				x	x
Waldsteinia ternata	Dreiblättrige Waldsteinie			x				x		x				x						x	x

Pflanzen zum Verwildern

Einjährige Arten

Als Einjährige werden jene Pflanzen bezeichnet, die von der Keimung über die Ausbildung der gesamten Pflanze, Bildung der Blüte und Befruchtung bis zur Reife des neuen Samens nur eine Vegetationsperiode benötigen und nach der Reife des Samens absterben.

Einjährige sind oft als Unkraut verschrien, weil sie stets offene Böden brauchen, um den Lebenszyklus vom Keimen bis zum Aussäen in kurzer Zeit bewältigen zu können. Andererseits sind es gerade diese Arten, die offene Raine oder Pflasterritzen in kürzester Zeit besiedeln und uns dadurch Freude schenken. So kann etwa ein Aushub-Erdhaufen bunt und wertvoll werden, wenn man ihn, anstatt brach und unbedeckt zu lassen, mit Klatsch-Mohn und Kamille begrünt.

Nelken-Leimkraut

Atocion armeria (Nelkengewächs) (Syn. *Silene armeria*)

- ☞ 10–50 cm hohe Einjährige
- ☞ Stängel unter den oberen Knoten klebrig beringelt
- ☞ Blätter blaugrün, kahl
- ☞ Kronblätter purpurrosa
- ☞ Blütezeit Juni–September

Standort und Boden

Das Nelken-Leimkraut ist ein Hungerkünstler, der es am liebsten nährstoffarm, trocken, hell und warm mag. Sandrasen und Kiesgärten mit kargem Untergrund sind die idealen Bedingungen für das zarte Nelkengewächs.

Vermehrung

Vermehrt sich selbst über Samen. Gezielte Vermehrung am einfachsten durch Aussaat von März bis Mai. Nicht mit Erde abdecken, pikieren wird nur schlecht ertragen, daher am besten direkt an Ort und Stelle aussäen.

Wissenswertes

Name: Geläufiger als *Atocion* ist der alte botanische Gattungsname *Silene*. Dieser wurde nach Silen, dem in der griechischen Sage dickbäuchigen, oft betrunken dargestellten Begleiter des Bacchus benannt, weil die aufgeblasenen Kelche mancher Leimkraut-Arten an diesen erinnern sollen.

Nutzen für die Tierwelt: Wertvolle Nektarquelle für Tagfalter.

Passende Partner

Ästige Graslilie *(Anthericum ramosum)*; Esparsetten-Tragant *(Astragalus onobrychis)*; Stein-Nelke *(Dianthus sylvestris)*; Hufeisenklee *(Hippocrepis comosa)*; Zarter Lein *(Linum tenuifolium)*; Acker-Wachtelweizen, *(Melampyrum arvense)*; Steinbrech-Felsennelke *(Petrorhagia saxifraga)*; Große Brunelle, *(Prunella grandiflora)*.

Weitere heimische Leimkraut-Arten:

Rote Waldnelke (Silene dioica)

Weiße Waldnelke (Silene latifolia)

Echtes Leimkraut (Silene vulgaris)

Bunter Hohlzahn

Galeopsis speciosa (Lippenblütler)

- 30–70 cm hohe Einjährige
- Blätter eiförmig bis breit lanzettlich
- Krone mehrfarbig, blassgelb-orangegelb-violett
- Blütezeit Juni–Oktober

Standort und Boden

Zu Unrecht bekommt die Pflanze kaum Eingang in die heimischen Gärten. Frische, stickstoffreiche Böden und sonnige bis halbschattige Standorte sind ihre bevorzugten Plätze und so mancher alte Erdhaufen bekam erst durch das freundliche Gesicht dieses Lippenblütlers im Spätsommer Farbe und Lebendigkeit.

Vermehrung

Vermehrt sich selbst über Samen. Gezielte Vermehrung am einfachsten durch Aussaat im Frühling.

Wissenswertes

Wildgemüse: Die entzückenden Blüten sind nach Abtrennen des rauen Kelches essbar und als Tellerdekoration geeignet.

Nutzen für die Tierwelt: Wegen der oft bis in den Oktober hineinreichenden Blüte ist der Hohlzahn eine wertvolle Nahrungsquelle für Insekten. Gartenhummel und Ackerhummel nutzen seinen Nektar, genauso wie unter anderem Zitronenfalter, Weißlinge, Taubenschwänzchen, Großes Ochsenauge. Futterpflanze für die Raupen des Hohlzahn-Kapselspanners *(Perizoma alchemillata)*.

Passende Partner

Acker-Glockenblume *(Campanula rapunculoides)*; Nickende Distel *(Carduus nutans)*; Echte Hundszunge *(Cynoglossum officinale)*; Roter Fingerhut *(Digitalis purpurea)*; Schmalblättriges Weidenröschen *(Epilobium angustifolium)*; Wiesen-Storchschnabel *(Geranium pratense)*; Moschus-Malve *(Malva moschata)*; Süßdolde *(Myrrhis odorata)*.

Weitere heimische Hohlzahn-Arten:

Schmalblättriger Hohlzahn (Galeopsis angustifolia)

Weichhaariger Hohlzahn (Galeopsis pubescens)

Echter Hohlzahn (Galeopsis tetrahit)

Acker-Wachtelweizen

Melampyrum arvense (Sommerwurzgewächs)

- 10–40 cm hohe, prächtige Einjährige
- Halbschmarotzer
- Krone zweifarbig purpurn-gelb
- Blütezeit Juni–Juli

Standort und Boden

Sonnig-warme Standorte und offene, kalkreiche, mäßig nährstoffreiche Böden liebt der Acker-Wachtelweizen, der früher ein häufiges Ackerunkraut war, heute aber gefährdet ist.

Vermehrung

Vermehrt sich selbst über Samen. Gezielte Vermehrung ist nicht einfach, weil die Wachtelweizen-Arten Halbschmarotzer sind. Empfehlenswert ist die Aussaat der großen Samen in einen lockeren Pflanzenbestand, in dem auch Süßgräser sind. Diese sind die bevorzugten Wirtspflanzen, die vom Wachtelweizen geschwächt, aber nicht umgebracht werden. Den Großteil an Energie holt sich die Pflanze durch die vorhandene Fotosynthese.

Wissenswertes

Nutzen für die Tierwelt: Wertvoller Nektar- und Pollenspender für Insekten, insbesondere Hummeln. Den Nektar erreichen nur langrüsselige Tiere, so konnte etwa der Regensburger Gelbling beim Naschen beobachtet werden. Kurzrüsselige Bienen begehen gelegentlich Nektardiebstahl, indem sie die Blüten von der Seite anbeißen. Raupen-Futterpflanze des Ehrenpreis-Scheckenfalters *(Melitaea aurelia)*.

Passende Partner

Nickende Distel *(Carduus nutans)*; Echter Natternkopf *(Echium vulgare)*; Feld-Mannstreu *(Eryngium campestre)*; Duftender Schöterich *(Erysimum odoratum)*; Venus-Frauenspiegel *(Legousia speculum-veneris)*; Schopfige Traubenhyazinthe *(Muscari comosum)*; Quirl-Salbei *(Salvia verticillata)*; Violette Königskerze *(Verbascum phoeniceum)*.

Weitere heimische Wachtelweizen-Arten:

Kamm-Wachtelweizen (Melampyrum cristatum)

Hain-Wachtelweizen (Melampyrum nemorosum)

Voralpen-Wachtelweizen (Melampyrum subalpinum)

Klatsch-Mohn

Papaver rhoeas (Mohngewächs)

- 20–80 cm hohe Einjährige
- Stängel abstehend steifhaarig, beblättert
- Blätter 1- bis 2-fach fiederteilig, borstig behaart
- Kronblätter rot, am Grunde meist mit schwarzem Fleck
- Blütezeit Mai–August

Standort und Boden

Bescheiden und mit fast jedem ihm zugestandenen Platz im Garten zufrieden ist der Klatsch-Mohn. Am liebsten hat er es hell, warm, frisch und nährstoffreich. Durch sein rasches Keimen schützt Mohn offenes Erdreich und eignet sich so beispielsweise zur Ansaat auf Aushub-Erdhäufen.

Vermehrung

Vermehrt sich selbst über Samen. Gezielte Vermehrung am einfachsten durch Aussaat gleich nach der Samenreife.

Wissenswertes

Räucherpflanze: Mohn wirkt aphrodisierend und entspannend. Zum Räuchern geeignet sind die Blütenblätter frisch oder getrocknet und die Samenkapseln mit den Samen.

Färberpflanze: Aus in Essig an der Sonne ausgezogenen Blüten kann rote Mohntinte hergestellt werden. Auch zum Färben von Arzneimitteln, Wolle und Wein verwendete man die Mohnblüten.

Nutzen für die Tierwelt: Wertvolle Pollenpflanze für Insekten. Der Pollen ist reich an Eiweiß, Fett, Kohlehydraten und Vitaminen. Für die Mohn-Mauerbiene hat der Mohn eine ganz besondere Bedeutung. Sie kleidet die Brutzelle und den Eingangsstollen mit etwa fingernagelgroßen Blütenstücken des Mohns aus. Für diese Arbeit benötigt sie, je nach Anzahl der angelegten Brutzellen, 20 bis 40 Blütenblattstückchen. Der eigentliche Zweck dieses recht aufwändigen Wohnkomforts ist noch nicht völlig geklärt, vermutlich sollen die Blütenblätter mit ihrer konservierenden Wirkung als eine Art Isolierschicht das Verderben des Futters durch Schimmelbildung verhindern.

Passende Partner

Sommer-Adonisröschen, *(Adonis aestivalis)*; Kornrade, *(Agrostemma githago)*; Österreicher-Hundskamille, *(Anthemis austriaca)*; Acker-Rittersporn, *(Consolida regalis)*; Kornblume, *(Cyanus segetum)*; Echter Erdrauch, *(Fumaria officinalis)*; Venus-Frauenspiegel, *(Legousia speculum-veneris)*; Acker-Schwarzkümmel, *(Nigella arvensis)*.

Weitere heimische Mohn-Arten:

Rätischer Alpen-Mohn (Papaver alpinum subsp. rhaeticum)

Weißblütiger Mohn (Papaver albiflorum)

Saat-Mohn (Papaver dubium)

Zweijährige Arten

Zweijährige Pflanzen bilden im ersten Jahr (oft beeindruckende) Blattrosetten, im zweiten Jahr kommen sie dann zur Blüte. Weil sie sich dabei oft verausgaben und danach meist absterben, ist dieser Flor bei vielen Arten beeindruckend und lange andauernd. Man denke nur an die wunderbaren blauen Kerzen des Natternkopfs oder die riesigen Distelköpfe der Wollkorb-Kratzdistel.
Zweijährige sind im wilden, ungezähmten Garten von großer Bedeutung. Hatten sie in den letzten Jahrzehnten in der Gartengestaltung kaum eine Bedeutung, weil ihr Wesen doch zu ungezähmt ist, so sind sie im wilden Garten genau die richtige Wahl. Sie suchen sich ihre Wuchsplätze selbst aus und erscheinen jedes Jahr in unterschiedlicher Dominanz. Beherrscht in einem Jahr das Rosa der Kranz-Lichtnelke *(Lychnis coronaria)* und das Gelb der Großblütigen Königskerze *(Verbascum densiflorum)* das Gartenbild, kann im nächsten Jahr das Blau des Natternkopfes *(Echium vulgare)* und das Rosa der Wilden Malve *(Malva sylvestris)* eine herrliche Erscheinung abgeben.

Echte Engelwurz

Angelica archangelica (Doldenblütler)

- 1,5–2,5 m hohe Staude, im sterilen Zustand angenehm würzig riechend, nach der Blüte absterbend
- Blätter bis zu 90 cm lang, 2- bis 3-fach gefiedert
- Blüten grünlich
- Blütezeit Mai–Juni

Standort und Boden

Die Echte Engelwurz liebt sonnige bis halbschattige, kühle Standorte mit feuchtem, stickstoffreichem Boden. Die kurzlebigen Pflanzen brauchen Platz – bis zu einem Quadratmeter je Stock füllen sie aus und geben dem Garten ein ornamentales Gepräge.

Vermehrung

Vermehrt sich selbst über Samen. Gezielte Vermehrung am einfachsten durch Aussaat gleich nach der Samenreife im Herbst. Die Samen sind nur für relativ kurze Zeit keimfähig.

Wissenswertes

Wildgemüse: Als Wildgemüse können die jungen Schösslinge und Blätter wie Stängelsellerie genossen werden. Engelwurzblüten würzen Eis und die Samen verschiedenste Speisen. Auszüge aus ihr sind Bestandteil von Schnupftabaken und Zahnpasten. Das Öl aus Wurzeln und Samen ist Bestandteil von Kräuterlikören und Bitterschnäpsen wie Boonekamp und Chartreuse. Mit den Früchten werden Wermutwein und Gin aromatisiert. In Mitteleuropa wurde die Echte Engelwurz im 18. Jahrhundert noch feldmäßig angebaut. Heute ist ihre Kultur hier auf Zier- und Arzneizwecke beschränkt.
Arzneipflanze: Engelwurz hat darmdesinfizierende und krampflösende Eigenschaften und regt die Sekretion der Verdauungsdrüsen an. Homöopathische Anwendungsgebiete sind Verdauungsstörungen und Nervenleiden.
Nutzen für die Tierwelt: Schmetterlingsfutterpflanze, unter anderem für die Raupen des Schwalbenschwanzes *(Papilio machaon)*.

Zu den regelmäßigen Nektarnaschern gehören Landkärtchen, Segelfalter, Kaisermantel, Brauner Waldvogel und Moschusbock. Engelwurzblüten zählen zu den Anziehungsmagneten der heimischen Fluginsektenwelt. Die Samen dienen den Vögeln als Nahrung.

Passende Partner

Würz-Kälberkropf, *(Chaerophyllum aromaticum)*; Verschiedenblättrige Kratzdistel, *(Cirsium heterophyllum)*; Echter Gilbweiderich, *(Lysimachia vulgaris)*; Himmelsleiter, *(Polemonium caeruleum)*; Akeleiblättrige Wiesenraute, *(Thalictrum aquilegifolium)*, Arznei-Baldrian, *(Valeriana officinalis)*.

Weitere heimische Doldenblütler-Arten:

Wilde Engelwurz (Angelica sylvestris)

Würz-Kälberkropf (Chaerophyllum aromaticum)

Glänzender Liebstock (Coristospermum lucidum)

Echtes Barbarakraut

Barbarea vulgaris (Kreuzblütler)

- 30–80 cm hohe Zweijährige oder Staude
- Pflanze kahl, mit grundständiger Blattrosette, Grundblätter bis auf die Mittelrippe fiederteilig mit großem, ovalem Endabschnitt
- Oberste Blätter meist ungeteilt
- Kronblätter leuchtend gelb, etwa zweimal so lang wie der Kelch
- Blütezeit April–Juni

Standort und Boden

Mag helle Standorte und frische bis nasse, nährstoffreiche Böden.

Vermehrung

Vermehrt sich selbst durch Samen. Gezielte Vermehrung am einfachsten durch Aussaat im März/April oder Oktober/November.

Wissenswertes

Name: *Barbarea* ist nach der legendären Märtyrerin Barbara, Schutzpatronin der Bergleute und Steinbrucharbeiter, benannt. Barbara war eine der 14 Nothelfer(innen). Der Grund für die Benennung nach der heiligen Barbara dürfte der Umstand sein, dass die Pflanze ein Wintergemüse ist, welches zu Barbara am 4. Dezember geerntet werden kann.

Wildgemüse: Die jungen Blätter können im Frühjahr zu Salat, die Grundblätter im Winter zu Spinat verarbeitet werden. Allerdings schmeckt die Winterkresse, wie sie auch genannt wird, durch die Senföle bitter und sollte daher vor dem Genuss blanchiert oder gekocht werden. In Butter gedünstet ergibt sie ein schmackhaftes Gemüse.

Nutzen für die Tierwelt: Die Blüten werden besonders gern von Bienen angeflogen. Futterpflanze unter anderem für die Raupen des Grünader-Weißlings *(Pieris napi)*.

Passende Partner

Bitteres Schaumkraut *(Cardamine amara)*; Zottiges Weidenröschen *(Epilobium hirsutum)*; Breitblättrige Wolfsmilch *(Euphorbia platyphyllos)*; Vierflügeliges Johanniskraut *(Hypericum tetrapterum)*; Wiesen-Alant *(Inula britannica)*; Ross-Minze *(Mentha longifolia)*; Sumpf-Vergissmeinnicht *(Myosotis scorpioides)*; Bachbungen-Ehrenpreis *(Veronica beccabunga)*.

Nickende Distel

Carduus nutans (Korbblütler)

- 30–100 cm hohe Zweijährige
- Stängel bis fast zu den Blütenköpfen beblättert und stachelig geflügelt
- Blütenkörbe 3–6 cm im Durchmesser, meist nickend, jeweils 1–3 am Ende der Zweige
- Blütezeit Juni–September

Standort und Boden

Liebt helle Standorte und trockene, nährstoffreiche Böden. Eignet sich besonders gut für sich weitgehend selbst überlassene Kiesrasen.

Vermehrung

Vermehrt sich selbst über Samen. Gezielte Vermehrung am einfachsten durch Aussaat gleich nach der Fruchtreife.

Wissenswertes

Wildgemüse: Die Korbböden können gleich denen der Artischocken verwendet werden.

Nutzen für die Tierwelt: Disteln bieten zahlreichen Tieren Heim und Nahrung. Bienen, langrüsselige Hummeln und Schwebfliegen sammeln Pollen, Ameisen lockt der süße Duft des Nektars an, genauso wie den Graubinden-Mohrenfalter, Großen Perlmuttfalter und verschiedene Arten aus der Gruppe der Ritterfalter, Weißlinge, Edelfalter, Augenfalter, Bläulinge, Dickkopffalter, Schillerfalter und Scheckenfalter. Für einige auch im Siedlungsbereich vorkommende Hummelarten wie die Ackerhummel, die Gartenhummel und die Steinhummel zählt die Ringdistel zu den Haupttrachtpflanzen. In den Stängeln entwickeln sich die Larven des Scheckhornbockes und des Distel-Spitzmäuschens. Distelgallenrüssler und Distelnetzwanze sind ebenfalls auf Disteln angewiesen. Die Früchte sind ölreich und daher wichtig für Körnerfresser wie den Distelfink.

Passende Partner

Östlicher Feldrittersporn *(Consolida orientalis)*; Echte Hundszunge *(Cynoglossum officinale)*; Bienen-Kugeldistel *(Echinops sphaerocephalus)*; Bilsenkraut *(Hyoscyamus niger)*; Wilde Malve *(Malva sylvestris)*; Dornige Hauhechel *(Ononis spinosa)*; Quirl-Salbei *(Salvia verticillata)*; Kleinblütige Königskerze *(Verbascum thapsus)*.

Weitere heimische Distel-Arten:

Stieglitz-Distel (Carduus carduelis)

Blaugrüne Alpen-Distel (Carduus defloratus subsp. glaucus)

Kletten-Distel (Carduus personata)

Echtes Tausendgüldenkraut

Centaurium erythraea (Enziangewächs)

- 10–40 cm hohe Ein- bis Zweijährige
- Blattrosette vorhanden, Stängelblätter dreinervig
- Blütezeit Juli – September

Standort und Boden

Das Tausendgüldenkraut liebt helle und warme Standorte mit frischem, kalkarmem Boden. Bei solchen Bedingungen und genügend offenen Bodenstellen sät es sich oft reichlich selbst aus. Salz ertragend.

Vermehrung

Vermehrt sich selbst über Samen. Gezielte Vermehrung am einfachsten durch Aussaat nach der Fruchtreife, Lichtkeimer.

Wissenswertes

Name: Der botanische Gattungsname ist dem lateinischen «centum aurei» (= hundert Goldstücke) abgeleitet und soll den mit Geld nicht bezahlbaren Heilwert der Pflanze beschreiben.
Arzneipflanze: Bitterstoffdroge, wird bei Beschwerden wie Völlegefühl, Blähungen, Übelkeit oder Appetitlosigkeit eingesetzt.
Nutzen für die Tierwelt: Vor allem Bienen, Fliegen, Schmetterlinge, Schwebfliegen und Käfer nutzen die Blüten als Nahrungsquelle.

Passende Partner

Färber-Hundskamille *(Anthemis tinctoria)*; Wegerich-Grasnelke *(Armeria arenaria)*; Heide-Nelke *(Dianthus deltoides)*; Roter Fingerhut *(Digitalis purpurea)*; Doldiges Habichtskraut *(Hieracium umbellatum)*; Berg-Sandglöckchen *(Jasione montana)*; Oranges Mausohr *(Pilosella aurantiaca)*; Salbei-Gamander *(Teucrium scorodonia)*.

Weitere heimische, nahe verwandte Arten:

Kleines Tausendgüldenkraut (Centaurium pulchellum)

Durchwachsener Bitterling (Blackstonia perfoliata)

Moorenzian (Swertia perennis)

Wollkopf-Kratzdistel

Cirsium eriophorum (Korbblütler)

- 50–150 cm hohe Zweijährige
- Stängel und Korbhülle wollig-zottig
- Blätter tief fiederspaltig, unterseits weißfilzig
- Blütezeit Juli–September

mäuschens. Distelsamen aller heimischen Kratzdistel-Arten werden von Wildvögeln gerne angenommen.

Passende Partner

Blauer Eisenhut *(Aconitum napellus)*; Echte Silberdistel *(Carlina acaulis)*; Hoher Rittersporn *(Delphinium elatum)*; Großblütiger Fingerhut *(Digitalis grandiflora)*; Kreuz-Enzian *(Gentiana cruciata)*; Quirl-Salbei *(Salvia verticillata)*; Großblütige Königskerze *(Verbascum densiflorum)*; Schwalbenwurz *(Vincetoxicum hirundinaria)*.

Standort und Boden

Die Wollkopf-Kratzdistel ist eine anspruchslose Sonnenanbeterin. Ihre prächtigen Blütenkörbe entwickelt sie in frischen, kalkreichen, mäßig nährstoffreichen Böden am besten. Die langen Pfahlwurzeln der Kratzdisteln durchlüften tiefe Bodenschichten, sodass dort neues Leben entstehen kann.

Vermehrung

Vermehrt sich selbst über Samen. Gezielte Vermehrung am einfachsten durch Aussaat im Frühsommer oder nach der Fruchtreife.

Wissenswertes

Wildgemüse: Die jungen Stängel können im Frühling roh oder gekocht gegessen werden.
Nutzen für die Tierwelt: Nektar- und Pollenspender für die Insektenwelt von herausragendem Wert. Für einige im Siedlungsbereich vertretene Hummelarten wie Gartenhummel, Ackerhummel und Steinhummel zählen Disteln zu den Haupttrachtpflanzen. In den Distelstängeln entwickeln sich die Larven des Scheckhornbockes, Distelgallenrüsslers und des Distelspitz-

Weitere heimische Kratzdistel-Arten:

Krainer Kratzdistel (Cirsium carniolicum)

Klebrige Kratzdistel (Cirsium erisithales)

Verschiedenblättrige Kratzdistel (Cirsium heterophyllum)

Echte Hundszunge

Cynoglossum officinale (Raublattgewächs)

- 20–80 cm hohe Zweijährige mit dicker Pfahlwurzel
- Blätter breit lanzettlich, beiderseits behaart
- Krone zuerst violett, dann rot
- Blütezeit Mai–Juli

Standort und Boden

Samtig weich mit hübschen Blüten und bei Wanderungen dennoch meist übersehen wird die Hundszunge. Wahrscheinlich liegt es an den unattraktiven Standorten wie Wildläger oder Kahlschläge, wo sie am häufigsten zu finden ist. Diese Bedürfnisse nimmt sie auch in den Garten mit: Hell und warm soll der Standort sein, frisch bis mäßig trocken und nährstoffreich der Boden. Die kräftigen Wurzeln, kombiniert mit den dichten Blattrosetten, festigen und schützen das Erdreich.

Vermehrung

Vermehrt sich selbst über Samen. Gezielte Vermehrung am einfachsten durch Aussaat im Sommer.

Wissenswertes

Nutzen für die Tierwelt:
Futterpflanze unter anderem für die Raupen von Englischem Bär *(Arctia festiva)*, Silberpunkt Höckereule *(Autographa pulchrina)*, Messingeule *(Diachrysia chrysitis)*, Lungenkraut-Metalleule *(Euchalcia modestoides)*, Hofdame *(Hyphoraia aulica)*, Kaiserbär *(Phragmatobia luctifera)*, Glänzende Erdeule *(Rhyacia lucipeta)* und Distelfalter *(Vanessa cardui)*. Am Nektar naschen gerne Schmetterlinge, Hummeln und Bienen.

Passende Partner

Echte Akelei *(Aquilegia vulgaris)*; Wermut *(Artemisia absinthium)*; Nickende Distel *(Carduus nutans)*; Bilsenkraut *(Hyoscyamus niger)*; Herzgespann *(Leonurus cardiaca)*; Wilde Malve *(Malva sylvestris)*; Eselsdistel *(Onopordum acanthium)*; Himmelsleiter *(Polemonium caeruleum)*; Aufrechte Rauke *(Sisymbrium strictissimum)*; Großblütige Königskerze *(Verbascum densiflorum)*.

Roter Fingerhut

Digitalis purpurea (Wegerichgewächs)

- ☞ 60–120 cm hohe, zweijährige Staude
- ☞ Blätter eilanzettlich, runzelig
- ☞ Krone purpurrosa bis weiß
- ☞ Blütezeit Juni Juli

Standort und Boden

Waldschläge und Waldränder sind die von Natur aus bevorzugten Standorte des Roten Fingerhuts. Frische, saure, nährstoffreiche Böden in halbschattiger Lage sind auch die idealen Voraussetzungen im Garten, wenngleich die Prachtblume auch mit anderen Gegebenheiten ihr Auskommen findet. Die großen Blattrosetten schützen das Erdreich vor direkter Sonne und Erosion.

Vermehrung

Vermehrt sich selbst über Samen. Gezielte Vermehrung am einfachsten durch Aussaat gleich nach der Fruchtreife. Lichtkeimer.

Eine vegetative Vermehrung ist durch Abnehmen der neugebildeten Grundrosetten nach dem Entfernen der Blütenstände möglich.

Wissenswertes

Arzneipflanze: Die Herzglykoside regen den geschwächten Herzmuskel an. Im therapeutischen Einsatz steht der herzfrequenzsenkende Effekt vom Fingerhut im Vordergrund gegenüber der Stärkung der Herzleistung.

Nutzen für die Tierwelt: Wertvolle Hummelblume. Die Maße der Blumenröhre passen genau zur Größe der Hummeln. Kleineren Insekten wird der Eingang zum Blüteninneren durch die auf der Glockenunterseite befindlichen Sperrhaare verwehrt. Den Hummeln jedoch bieten sie Halt. Das Fleckenmuster im Blüteninneren wird von den Hummeln als optische Staubbeutel-Attrappe wahrgenommen und dient zur Anlockung der Blütengäste. Versuche zeigten, dass bei Abdeckung dieser Flecken die Blüten nur etwa ein Fünftel mal so oft angeflogen werden. An

Bienen ist bisher nur die Große Wollbiene bekannt, die den Roten-Fingerhut als Pollenquelle nutzt. Futterpflanze, unter anderem für die Raupen von Fingerhut-Blütenspanner *(Eupithecia pulchellata)*, Waldkräuter-Blütenspanner *(Eupithecia subfuscata)*, Purpurglanzeule *(Euplexia lucipara)* und Zwerg-Blütenspanner *(Gymnoscelis rufifasciata)*.

Passende Partner

Tollkirsche *(Atropa belladonna)*; Drahtschmiele *(Avenella flexuosa)*; Österreicher-Gamswurz *(Doronicum austriacum)*; Schmalblättriges Weidenröschen *(Epilobium angustifolium)*; Geflecktes Johanniskraut *(Hypericum maculatum)*; Alpen-Milchlattich *(Lactuca alpina)*; Schneeweiße Hainsimse *(Luzula nivea)*; Kleinblütige Königskerze *(Verbascum thapsus)*.

Weitere heimische Fingerhut-Arten:

Großblütiger Fingerhut (Digitalis grandiflora)

Großblütiger × Roter Fingerhut (Digitalis × mertonensis)

Gelber Fingerhut (Digitalis lutea)

Wilde Karde

Dipsacus fullonum (Kardengewächs)

- 50–200 cm hohe zweijährige Staude
- Blätter groß, ungeteilt, frischgrün
- Blüten lila
- Blütezeit Juli–August

Standort und Boden

Licht liebende Pflanze für warme, frische und mäßig nährstoffreiche Gartenplätze. Die großen Blattrosetten und das tief reichende Wurzelwerk schützen und festigen das Erdreich.

Vermehrung

Vermehrt sich selbst über Samen. Gezielte Vermehrung am einfachsten durch Teilung von April bis Juli oder Aussaat gleich nach der Samenreife.

Wissenswertes

Geschichte: Die Karde spielte in der Textilverarbeitung eine große Rolle. Ihre getrockneten Blütenstände wurden eingesetzt, um Wolle und andere Textilfasern zu kardätschen, also aufzurauen. Dadurch wird eine flauschige Oberflächenstruktur erzeugt, die den Stoff veredelt. Im Hofkirchener Anbaugebiet zwischen Vilshofen und Hengersberg wurden im Jahr bis zu 40 Millionen Kardenköpfe geerntet. Heute wird die aufwändige Methode mit der Karde nur noch bei der Herstellung von hochwertigen Wollstoffen, wie etwa dem Filz von Billardtischen, eingesetzt. In einer Lodenwalkerei in der steirischen Ramsau kommt die Karde heute noch zum Einsatz, allerdings stammen die Karden nicht mehr aus heimischem Anbau.

Färberpflanze: Getrocknete Pflanzen liefern einen wasserlöslichen Farbstoff, der einst als Ersatz für Indigo galt.

Nutzen für die Tierwelt: Wertvolle Nektarpflanze für Insekten. Zu den regelmäßigen Besuchern zählen Hummeln, Bienen, Tagpfauenauge, Distelfalter und Kaisermantel. Futterpflanze unter anderem für die Raupen von Ampfer-Rindeneule *(Acronicta rumicis)* und Karden-Sonneneule *(Heliothis viriplaca)*. Kardensamen sind im Winter eine wichtige Vogelnahrung. Die scharfkantigen, länglichen Schließfrüchte stellen für Vögel, so etwa Distelfink, Grünfink und Dompfaff, wahre Leckerbissen dar. Die Wasserbecken an den verwachsenen Stängelblättern bieten Kleinsäugern, möglicherweise auch Vögeln, Trinkwasser.

Passende Partner

Bienen-Kugeldistel *(Echinops sphaerocephalus)*; Flachblättriges Mannstreu *(Eryngium planum)*; Wiesen-Storchschnabel *(Geranium pratense)*; Wiesen-Alant *(Inula britannica)*; Herzgespann *(Leonurus cardiaca)*; Sigmars-Malve *(Malva alcea)*; Großes Flohkraut *(Pulicaria dysenterica)*; Filzige Königskerze *(Verbascum phlomoides)*.

Weitere heimische bzw. eingebürgerte Karde-Arten:

Schlitzblättrige Karde (Dipsacus laciniatus)

Borsten-Karde (Dipsacus pilosus)

Weber-Karde (Dipsacus sativus)

Echter Natternkopf

Echium vulgare (Raublattgewächs)

- ☞ 30–80 cm hohe Zweijährige mit Pfahlwurzel
- ☞ Blätter schmal lanzettlich, rau
- ☞ Krone strahlend blau
- ☞ Blütezeit Mai–Juli

Standort und Boden

Vollsonnige und warme Standorte mit trockenen, kalkreichen und nährstoffarmen Böden liebt der Stolze Heinrich, wie die knallblaue Pflanze noch im Volksmund genannt wird. Und stolz kann er sein, schenkt er doch den Tieren Nahrung und uns Menschen durch seine Schönheit Freude. Die Pfahlwurzel reicht tief, lockert den Boden und festigt gleichzeitig Böschungen.

Vermehrung

Vermehrt sich selbst über Samen. Gezielte Vermehrung am einfachsten durch Aussaat gleich nach der Fruchtreife. Bereits im folgenden Jahr blühen die Pflanzen.

Wissenswertes

Nutzen für die Tierwelt:
Futterpflanze unter anderem für die Raupen von Zimtbär *(Phragmatobia fuliginosa)*, Gelben Fleckleibbär *(Spilosoma lubricipeda)*, Punktbär *(Utetheisa pulchella)* und Russischem Bär *(Euplagia quadripunctaria)*. Der Echte Natternkopf ist eine gute Bienenweide und ein wertvoller Pollen- und Nektarspender für Wildinsekten. 37 Wildbienenarten und gut 50 Schmetterlingsarten profitieren von ihm. Überlebenswichtig ist der Blütenstaub für drei Mauerbienenarten (u.a. Natternkopf-Mauerbiene, *Osmia adunca*), die in ganz Mitteleuropa ihre Brutzellen nur mit diesem Pollen verproviantieren. An gefährdeten Schmetterlingen wurden bisher nektarsaugend unter anderem beobachtet: Regensburger Gelbling, Rainfarn-Mönch, Kronwicken-Dickkopffalter, Segelfalter, Graublauer Bläuling, Beilfleck-Widderchen, Thymian-Widderchen und Hufeisenklee-Widderchen. Wertvolle Futterpflanze für Wildvögel wie Distelfink und Sperling.

Passende Partner

Esparsetten-Tragant *(Astragalus onobrychis)*; Nickende Distel *(Carduus nutans)*; Sand-Nelke *(Dianthus arenarius)*; Rosmarin-Weidenröschen *(Epilobium dodonaei)*; Sand-Lotwurz *(Onosma arenaria)*; Großblütige Strahlendolde *(Orlaya grandiflora)*; Mehlige Königskerze *(Verbascum lychnitis)*; Einjährige Spreublume *(Xeranthemum annuum)*.

Echte Nachtviole

Hesperis matronalis (Kreuzblütler)

- 40–100 cm hohe zweijährige oder ausdauernde Staude
- Wurzel meist mehrteilig
- Blätter eiförmig bis breit lanzettlich, lang zugespitzt
- Kronblätter 18–25 mm lang, weiß bis purpurn
- Blütezeit Mai–Juli

Unterart subsp. *candida* ist regional in den Alpen heimisch.
Wildgemüse: Die Blüten sind für Süßspeisen, roh oder verzuckert, geeignet. Junge Triebe ergeben grob gehackt und kurz gegart ein Frühlingsgemüse mit eigenem, radieschenartigem Geschmack. Die Samen stehen im Verdacht, giftig zu sein.
Nutzen für die Tierwelt: Besonders Nachtfalter nutzen den verborgen liegenden Nektar – Bienen, Schwebfliegen und Tagfalter den Pollen. Raupen-Futterpflanze unter anderem für den Aurorafalter *(Anthocharis cardamines)*.

Standort und Boden

Sonnige bis halbschattige Standorte und frische, mäßig nährstoffreiche Böden mag die Nachtviole am liebsten. Sie verträgt gelegentliche Mahd und eignet sich daher auch für extensive Blumenwiesen.

Vermehrung

Vermehrt sich selbst über Samen. Gezielte Vermehrung am einfachsten durch Aussaat gleich nach der Samenreife.

Wissenswertes

Verbreitung und Lebensraum: Südeuropäisch-westasiatische Art. Die purpurne Nominat-Unterart ist von Innerasien bis Südeuropa urheimisch und tritt in Mitteleuropa nur eingebürgert auf. Die weiß blühende

Passende Partner

Echte Akelei *(Aquilegia vulgaris)*; Brauner Storchschnabel *(Geranium phaeum)*; Gelbe Taglilie *(Hemerocallis lilioasphodelus)*; Nesselkönig *(Lamium orvala)*; Gelbe Platterbse *(Lathyrus laevigatus)*; Striemensame *(Molopospermum peloponnesiacum)*; Hallers Rapunzel *(Phyteuma ovatum)*; Akeleiblättrige Wiesenraute *(Thalictrum aquilegifolium)*.

Weitere heimische Nachtviolen-Arten:

Glänzende Nachtviole (Hesperis matronalis subsp. candida)

Wilde Nachtviole (Hesperis sylvestris)

Trübe Nachtviole (Hesperis tristis)

Schwarzes Bilsenkraut

Hyoscyamus niger (Nachtschattengewächs)

- 30–80 cm hohe Ein- bis Zweijährige
- Stängel und Kelch drüsig-zottig behaart
- Krone bleichgelb, mit violetten Netzadern
- Blütezeit Juni – September

Standort und Boden

Helle, warme Standorte und sehr nährstoffreiche Böden sind die besten Voraussetzungen für das Bilsenkraut. Daher eignet es sich besonders für ehemals stark aufgedüngte Gartenstellen oder einstige Mistlagerplätze.

Vermehrung

Vermehrt sich selbst über Samen, pro Kapsel bis zu 500 Samen. Gezielte Vermehrung am einfachsten durch Aussaat direkt nach der Samenreife. Schneckengefährdet.

Wissenswertes

Arzneipflanze: Bilsenkraut ist eines der ältesten Schmerz- und Schlafmittel, das man bei operativen Eingriffen einsetzte. Wegen der halluzinogenen Wirkung war es im Mittelalter Bestandteil von Hexensalben und Liebestränken. Heute wird die giftige Pflanze nur mehr homöopathisch, etwa bei innerer Unruhe, Schlafstörungen oder spastischen Zuständen der Atemwege, eingesetzt.

Nutzen für die Tierwelt: Vor allem Hummeln nutzen den Nektar des Bilsenkrautes. An den Samenkapseln frisst die Raupe der Bilsenkraut-Sonneneule *(Heliothis peltigera)*. Auch die Raupen der Reseden-Blüteneule *(Helicoverpa armigera)* und des wenig wählerischen Braunen Bärs *(Arctia caja)* konnten auf Bilsenkraut gefunden werden.

Passende Partner

Echte Osterluzei *(Aristolochia clematitis)*; Guter Heinrich *(Blitum bonus-henricus)*; Nickende Distel *(Carduus nutans)*; Echte Hundszunge *(Cynoglossum officinale)*; Pyrenäen-Storchschnabel *(Geranium pyrenaicum)*; Wilde Malve *(Malva sylvestris)*; Eselsdistel *(Onopordum acanthium)*; Echte Blasenkirsche *(Physalis alkekengii)*.

Weitere heimische, nahe verwandte Arten:

Schwarzes Bilsenkraut, Spielform (Hyoscyamus niger)

Schwarzes Bilsenkraut, Fruchtstand (Hyoscyamus niger)

Tollkirsche (Atropa belladonna)

Kranz-Lichtnelke

Lychnis coronaria (Nelkengewächs) (Syn. *Silene coronaria*)

- 30–90 cm hohe zweijährige Staude mit immergrünem (immergrauem) Laub
- Filzig-graue Blattrosetten im ersten Jahr, im zweiten Jahr wachsen daraus die Blütenstängel mit purpurroten Blüten
- Blütezeit Juni–August

Standort und Boden

Sonnige Standorte und mäßig trockene bis frische, nährstoffarme bis mäßig nährstoffreiche Böden sind die besten Bedingungen, doch dankt die anspruchslose Pflanze auch unter schlechteren Bedingungen mit reichlicher Blüte und hübschem Laub.

Vermehrung

Vermehrt sich selbst über Samen. Gezielte Vermehrung am einfachsten durch Aussaat im April/Mai oder durch Stockteilung im Frühling.

Wissenswertes

Name: *Lychnis* als botanischer Gattungsname leitet sich vom griechischen «lychnos» (= Lampe) ab, da die filzig behaarten Blätter im Altertum als Lampendochte dienten.

Nutzen für die Tierwelt: Die stark behaarten Blätter der Kranz-Kuckucksnelke nutzen die Weibchen der Großen Wollbiene, um ihre Brutzellen weich zu betten. Sie rollt die Haare zu Bällchen und transportiert diese in ihre Heimstätte. Den Nektar der Blüten nutzen viele Schmetterlinge, so Zitronenfalter, Schwalbenschwanz, Segelfalter, Schachbrett und Kleiner Fuchs.

Passende Partner

Blasse Stockmalve *(Alcea pallida)*; Knäuel-Glockenblume *(Campanula glomerata)*; Rote Spornblume *(Centranthus ruber)*; Sichelmöhre *(Falcaria vulgaris)*; Blut-Storchschnabel *(Geranium sanguineum)*; Schwert-Alant *(Inula ensifolia)*; Bunte Schwertlilie *(Iris variegata)*; Berg-Laserkraut *(Laserpitium siler)*; Punktierter Gilbweiderich *(Lysimachia punctata)*; Essig-Rose *(Rosa gallica)*.

Weitere heimische, nahe verwandte Arten:

Kuckucks-Lichtnelke (Lychnis flos-cuculi)

Jupiter-Lichtnelke (Lychnis flos-jovis)

Kornrade (Agrostemma githago)

Wilde Malve

Malva sylvestris (Malvengewächs)

☞ 20–100 cm hohe, zweijährige bis ausdauernde Staude
☞ Blätter 5- bis 7-lappig
☞ Blüte purpurn
☞ Blütezeit Juni–Oktober

Standort und Boden

Sonnige, warme Standorte und nährstoffreiche Böden bieten der Wilden Malve die besten Lebensbedingungen, sie findet sich aber auch mit anderen Voraussetzungen zurecht.

Vermehrung

Vermehrt sich selbst über Samen. Gezielte Vermehrung am einfachsten durch Aussaat die gesamte Vegetationsperiode über.

Wissenswertes

Wildgemüse: Junge Blätter und Triebe können im April/Mai roh oder gekocht zu Salaten oder Gemüsegerichten verarbeitet werden. Die frisch geöffneten, essbaren Blüten eignen sich für die Teezubereitung. Die Früchte sind roh und die Wurzeln im Herbst gekocht genießbar. Die rosafarbenen, herzförmigen Blütenblätter machen sich in Salaten gut.

Färberpflanze: Die Blüten dienen als natürlicher Farbstoff. Aus der ganzen Pflanze und den Samen wird ein gelblicher bis grünlicher Farbstoff extrahiert. Farbstoffe aus den Blüten ergeben bei alaungebeizter Wolle einen Rosenholzton.

Arzneipflanze: Blüten- und Blattdroge haben aufgrund ihres Schleimreichtums eine reizlindernde Wirkung bei Schleimhautentzündungen von Magen und Darm, bei Katarrhen der oberen Atemwege und bei Reizungen im Mund- und Rachenraum.

Nutzen für die Tierwelt: Wertvoller Nektar- und Pollenspender für Insekten. Eine Langhornbienenart *(Eucera macroglossa)* ernährt sich ausschließlich von Malven. Die Blüten fungieren als Schlafplatz für viele Insekten. Malvenfrüchte dienen vielen Insekten als Nahrung. Futterpflanze für die Raupen mehrerer Schmetterlingsarten. Das Zweifarbige Malvenspitzmäuschen *(Malvapion malvae)*, eine Käferart, ist auf Malven angewiesen. Wertvolle Futterpflanzen für Wildvögel.

Passende Partner

Echter Erdbeerspinat *(Chenopodium foliosum)*; Echte Hundszunge *(Cynoglossum officinale)*; Bienen-Kugeldistel *(Echinops sphaerocephalus)*; Echter Erdrauch *(Fumaria officinalis)*; Flaum-Hohlzahn *(Galeopsis pubescens)*; Gelbe Hauhechel *(Ononis natrix)*; Färber-Resede *(Reseda luteola)*; Großblütige Königskerze *(Verbascum densiflorum)*.

Weitere heimische Malven-Arten:

Sigmarswurz (Malva alcea)

Bisam-Malve (Malva moschata)

Weg-Malve (Malve neglecta)

Wald-Vergissmeinnicht

Myosotis sylvatica (Raublattgewächs)

- ☞ 15–40 cm hohe zweijährige oder ausdauernde Staude, mehr oder weniger dicht behaart
- ☞ Rosettenblätter kurz gestielt, plötzlich in den Stiel verschmälert
- ☞ Hellblaue Kronröhre so lang oder etwas kürzer als der Kelch
- ☞ Blütezeit Mai–Juli

Standort und Boden

Frische, nährstoffreiche Böden und helle bis halbdunkle Standorte mag das Wald-Vergissmeinnicht am liebsten.

Vermehrung

Vermehrt sich selbst über Samen. Gezielte Vermehrung am einfachsten durch Aussaat im Juli. Als Lichtkeimer das Saatgut nur andrücken, nicht abdecken.

Wissenswertes

Wildgemüse: Die zarten, essbaren Blüten ergeben im Frühjahr eine Zierde für den Tellerrand.
Nutzen für die Tierwelt: Die Blüten tragen in der Mitte einen gelben Stern, der durch Hohlschuppen gebildet wird. Da diese als Saftmale dienenden Gebilde den Eingang der Blütenröhre stark verengen, nötigen sie die saugenden Insekten, Narbe und Staubbeutel zu berühren und daher die Bestäubung zu vollziehen. Zu den Bestäubern gehören auch zwei im Siedlungsbereich vorkommende Wildbienenarten, nämlich die Rote Mauerbiene und die Rotschopfige Sandbiene. Nektar naschend können unter anderem Hornkraut-Tageulchen, Keilfleckschwebfliegen, Gemeine Keulenschwebfliegen, Schnauzenschwebfliegen, Dungfliegen und Echte Fliegen beobachtet werden. Wertvolle Futterpflanze für Wildvögel.

Passende Partner

Echte Akelei *(Aquilegia vulgaris)*; Breitblättrige Glockenblume *(Campanula latifolia)*; Mandelblättrige Wolfsmilch *(Euphorbia amygdaloides)*; Goldnessel *(Galeobdolon montanum)*; Waldmeister *(Galium odoratum)*; Türkenbund-Lilie *(Lilium martagon)*; Immenblatt *(Melittis melissophyllum)*; Frühlings-Nabelnüsschen *(Omphalodes verna)*.

Weitere heimische Vergissmeinnicht-Arten:

Alpen-Vergissmeinnicht (Myosotis alpestris)

Bodensee-Vergissmeinnicht (Myosotis rehsteineri)

Sumpf-Vergissmeinnicht (Myosotis scorpioides)

Eselsdistel

Onopordium acanthium (Korbblütler)

- 100–300 cm hohe Zweijährige
- Blätter distelartig, grauweiß behaart
- Blütenkrone purpurrosa
- Blütezeit Juni–August

Standort und Boden

Vollsonnige, warme Standorte und nährstoffreiche Böden bevorzugt die Eselsdistel. Ihre tief reichenden Wurzeln lockern das Erdreich, die Rosetten schützen es vor direkter Sonneneinstrahlung und Erosion.

Vermehrung

Vermehrt sich selbst über Samen. Gezielte Vermehrung am einfachsten durch Aussaat im Spätsommer oder Herbst. Wurzelschnittlingsvermehrung ist im Oktober möglich.

Wissenswertes

Name: Eselsdistel als deutsche Benennung ist nicht unbedingt schmeichelhaft, aber noch edel gegen den altgriechischen botanischen Namen, der frei übersetzt «Eselsfurz» bedeutet, soll die Pflanze doch bei Eseln Blähungen hervorrufen.
Der botanische Artbeiname ist ebenfalls altgriechisch, bedeutet Dorn bzw. Distel.
Wildgemüse: Die Blütenkorbböden schmecken artischockenähnlich, die geschälten Stängel werden wie Spargel oder Rhabarber in Wasser gekocht.
Arzneipflanze: Die blühende Pflanze ist aufgrund ihrer herzstärkenden Wirkung in einigen Herzmitteln enthalten. In der Volksheilkunde war sie als verdauungsförderndes Mittel gegen Gallenleiden und Husten und ihr Saft bei der Behandlung von Geschwüren im Einsatz.
Nutzen für die Tierwelt: Wertvolle Insektennährpflanze und Futterpflanze für Wildvögel. Manche prachtvolle Eselsdistel verdankt ihr Dasein den Stieglitzen, die über die Blütenköpfe herfallen, sie zerzausen, die Früchte herauspicken und zur Verbreitung beitragen. Der seltene Eselsdistel-Dickkopffalter *(Pyrgus onopordi)* hat entgegen seines Namens als Futterpflanzen Sonnenröschen- und Fingerkraut-Arten. Die Raupen des Distelfalters *(Vanessa cardui)* hingegen nutzen die Eselsdistel als Wirt.

Passende Partner

Echter Wermut *(Artemisia absinthium)*; Echter Erdbeerspinat *(Chenopodium foliosum)*; Wollkopf-Kratzdistel *(Cirsium eriophorum)*; Echte Hundszunge *(Cynoglossum officinale)*; Bilsenkraut *(Hyoscyamus niger)*; Wilde Malve *(Malva sylvestris)*; Klatsch-Mohn *(Papaver rhoeas)*; Kleinblütige Königskerze *(Verbascum thapsus)*.

Weitere heimische Korbblütler:

Silberscharte (Jurinea mollis)

Wolfsfußscharte (Klasea lycopifolia)

Alpen-Bergscharte (Rhaponticum scariosum)

Pracht-Königskerze

Verbascum speciosum (Braunwurzgewächs)

- 100–180 cm hohe Zweijährige
- Blätter beiderseits graugelblich filzig
- Blütenstand sehr reichblütig
- Gelbe Krone 18–30 mm im Durchmesser
- Blütezeit Juni

Standort und Boden

In Trockenrasen, lichten Eichenwäldern und auf Böschungen wächst die Pracht-Königskerze am heimatlichen Standort im Osten Österreichs und genau solche Bedingungen liebt sie auch im Garten – sonnig, warm und trocken.

Vermehrung

Vermehrt sich selbst über Samen. Gezielte Vermehrung am einfachsten durch Aussaat gleich nach der Fruchtreife. Als Lichtkeimer werden die Samen nur angedrückt, nicht zugedeckt. Sobald die Pflänzchen groß genug sind, an die gewünschten Stellen im Garten auspflanzen. Im nächsten Jahr entwickeln sie ihren prächtigen Blütenstand. Wurzelrisslinge sind von November bis Februar möglich.

Wissenswertes

Wildgemüse: Die Blütenblätter können roh gegessen werden, sie schmücken Salate, Desserts und Teller. Gekocht können sie als Gelbfärber für Limonaden und Sirupe genutzt werden.
Arzneipflanze: In der Heilkunde werden vor allem die Großblütige Königskerze *(Verbascum densiflorum)* und die Windblumen-Königskerze *(V. phlomoides)* eingesetzt. Sie wirken hustenlindernd, abschwellend, schmerzlindernd, entzündungshemmend und blutreinigend. Der Presssaft oder ein Teeaufguss werden gegen Schleimhautentzündungen im Mund- und Rachenbereich eingesetzt.
Nutzen für die Tierwelt: Königskerzenblüten produzieren keinen Nektar, aber reichlich Pollen. In den Morgenstunden von 6 bis 10 Uhr ist das Angebot am größten und lockt Schwebfliegen, Bienen und Käfer an. Die Wollbienen nutzen Königskerzen auf andere Weise. Sie tragen abgeschabte Pflanzenwolle der Blätter und Stiele in Hohlräume verschiedenster Art und betten darin ihre Brutzellen. Andere Wildbienen wie Mauerbienen, Keulhornbienen, Maskenbienen oder Blattschneiderbienen finden in den abgestorbenen, markgefüllten Königskerzenstängeln Nistplätze. Nahrungspflanze für Wildvögel.

Passende Partner

Nickende Distel *(Carduus nutans)*; Feld-Mannstreu *(Eryngium campestre)*; Echtes Sonnenröschen *(Helianthemum nummularium)*; Christusaugen-Alant *(Inula oculus-christi)*; Breitblättrige Platterbse *(Lathyrus latifolius)*; Kranz-Lichtnelke *(Lychnis coronaria)*; Eselsdistel *(Onopordum acanthium)*; Quirl-Salbei *(Salvia verticillata)*.

Weitere heimische Königskerzen-Arten:

Violette Königskerze (Verbascum phoeniceum)

Großblütige Königskerze (Verbascum densiflorum)

Dunkle Königskerze (Verbascum nigrum)

Feld-Stiefmütterchen

Viola tricolor (Veilchengewächs)

- 10–40 cm hohe Einjährige oder Staude (zumeist zweijährig)
- Blätter gefiedert
- Blüte 1,5–3,5 cm lang, verschiedenfarbig gelb-violett-weiß
- Sporn 1- bis 2-mal so lang wie die Kelchblattanhängsel
- Blütezeit April–Juni (Oktober)

Standort und Boden

Anspruchslos und lieblich ist das Feld-Stiefmütterchen. Egal ob trocken oder frisch, kalkreich oder kalkarm, Hauptsache, hell ist der Platz im Garten, der ihm zugestanden wird.

Vermehrung

Vermehrt sich selbst über Samen. Gezielte Vermehrung am einfachsten durch Aussaat gleich nach der Fruchtreife. Dunkelkeimer, kühle Temperaturen um 15 °C fördern die Keimung.

Wissenswertes

Wildgemüse: Die jungen Triebe werden im Frühling roh als Salat gegessen. In Suppen zeigt das Dreifarben-Stiefmütterchen eine andickende Wirkung. Die Blätter werden zur Teegetränkzubereitung verwendet und die Blüten ergeben eine essbare Tellerdekoration.
Arzneipflanze: Stiefmütterchen-Kraut verwendet man innerlich und äußerlich bei leichten Hauterkrankungen mit Schuppenbildung, Juckreiz, Milchschorf und Akne. Auch bei rheumatischen Beschwerden, Katarrhen der Atemwege und fieberhaften Erkältungserkrankungen wird die Droge traditionell genutzt.
Nutzen für die Tierwelt: Futterpflanze unter anderem für die Raupen von Feurigem Perlmuttfalter *(Argynnis adippe)*, Großem Perlmuttfalter *(Argynnis aglaja)*, Kaisermantel *(Argynnis paphia)*, Magerrasen-Perlmuttfalter *(Boloria dia)* und Silberfleck-Perlmuttfalter *(Boloria euphrosyne)*. Wichtiger Nektarspender für Insekten. Die deutlich abgehobenen Linienmuster auf den Blütenblättern leiten als Wegweiser besuchende Insekten zielgenau zu den Nektarien, also zum Saftladen, weshalb sie in der Fachsprache als Saftmale bezeichnet werden.

Passende Partner

Alpen-Krokus *(Crocus albiflorus)*; Kartäuser-Nelke *(Dianthus carthusianorum)*; Echter Natternkopf *(Echium vulgare)*; Zypressen-Wolfsmilch *(Euphorbia cyparissias)*; Langhaariges Habichtskraut *(Pilosella officinarum)*; Wiesen-Salbei *(Salvia pratensis)*; Rotes Seifenkraut *(Saponaria ocymoides)*.

Weitere heimische Veilchen-Arten:

Weißes Veilchen (Viola alba)

Wohlriechendes Veilchen (Viola odorata)

Hunds-Veilchen (Viola canina)

Pflanzen zum Verwildern

Mehrjährige Arten

Stauden und Gehölze sind die Konstante im ungezahmten Garten. Sorgen hier die Einjährigen und Zweijährigen für Spannung und Überraschung, stehen die Mehrjährigen für Beständigkeit. Zwar erscheinen auch sie jedes Jahr in etwas anderem Aussehen und anderem Wuchsverhalten, aber sie sind ortstreu und damit doch berechenbar. Für alle Natur-im-Garten-Liebhaber, denen die Unkontrollierbarkeit der Kurzlebigen doch zu weit geht, sind die Langlebigen die richtige Wahl.
Die Auswahlmöglichkeit unter ihnen ist fast grenzenlos. Sie bilden die größte Gruppe unter den heimischen Pflanzen und es stehen an die 2000 verschiedenen Arten zur Verfügung, unter denen hier die meiner Meinung nach 76 besten vorgestellt werden.

Wiesen-Schafgarbe

Achillea millefolium (Korbblütler)

- 20–70 cm hohe Staude mit intensivem Geruch beim Zerreiben
- Ausläufer bildend
- Stängelblätter mit öhrchenartigen basalen Fiedern sitzend
- 5 weiße bis rosa Zungenblüten je Körbchen
- Blütezeit Juni–Oktober

Standort und Boden

Licht liebende Art für helle Standorte. In Bezug auf den Wasser- und Nährstoffgehalt des Bodens wenig anspruchsvoll. Wächst auf mäßig trockenen und mageren Plätzen genauso wie auf frischen, nährstoffreichen. Eignet sich vor allem für Blumenwiesen und siedelt sich dort oft ohne menschliches Zutun von selbst an. Salz ertragend. Als Pionierpflanze und Wurzelkriecher gehört die Wiesen-Schafgarbe zu den Bodenfestigern. Sie lockt Regenwürmer und andere Bodennützlinge an und fördert dadurch das Bodenleben.

Vermehrung

Vermehrt sich selbst über ober- oder unterirdische Ausläufer und Samen. Gezielte Vermehrung am einfachsten durch Teilung der Stöcke. Sehr einfach funktioniert auch die Stecklingsvermehrung der Neuaustriebe von April bis Juni. Aussaat am besten ebenfalls im Frühling von April bis Juni.

Wissenswertes

Wildgemüse: In geringer Menge dienen Blätter, Blüten und Knospen als Gewürz. Besonders gut lässt sich mit ihnen Pikantes und Scharfes würzen. Die Bitterstoffe der Schafgarbe machen fette Speisen leichter verdaulich. Aus den getrockneten Blättern lässt sich Tee zubereiten. Diesen maximal fünf Minuten ziehen lassen, sonst wird er bitter.

Färbepflanze: Schafgarbe färbt die Wolle je nach Beizmittel gelb, olivgrün oder braun.

Biologischer Pflanzenschutz: Ein Schafgarben-Kaltwasserauszug hilft vorbeugend gegen Pilzerkrankungen. Dazu werden 200 Gramm Kraut und Blüten einen Tag in einem Liter Wasser angesetzt und anschließend 1:10 verdünnt über die Pflanzen ausgebracht.

Nutzen für die Tierwelt: Futterpflanze für die Raupen verschiedener Tag- und Nachtfalter. Wertvoller Nektarspender für Schmetterlinge und andere Insekten, besonders Käfer, Wildbienen und Schwebfliegen. Die heimische Wiesen-Schafgarbe und ihre Spielformen werden von 28 Wildbienenarten genutzt.

Passende Partner

Acker-Glockenblume *(Campanula rapunculoides)*; Wiesen-Flockenblume *(Centaurea jacea)*; Wiesen-Storchschnabel *(Geranium pratense)*; Wiesen-Margerite *(Leucanthemum vulgare)*; Wiesen-Salbei *(Salvia pratensis)*

Weitere heimische Schafgarbe-Arten:

Bitter-Schafgarbe (Achillea clavennae)

Großblatt-Schafgarbe (Achillea macrophylla)

Bertram-Schafgarbe (Achillea ptarmica)

Kriechender Günsel

Ajuga reptans (Lippenblütler)

- 10–20 cm hohe Staude mit oberirdischen, beblätterten Ausläufern
- Blätter eiförmig-spatelig
- Blüten in Scheinquirlen, dunkelblau, ohne Oberlippe
- Blütezeit April–Juni

Standort und Boden

Sehr anspruchslos in Bezug auf Boden und Standort. Liebt halbschattige Standorte und frische Böden, kommt aber auch mit voller Sonne und Schatten zurecht. Eignet sich besonders als Bodendecker für den Gehölzrand und als farbliche Aufheiterung für moosreiche Rasenflächen. Verträgt mehrfache Mahd. Dank der reichlichen Ausläufer bildet der Kriechende Günsel regelrechte Teppiche, die den Boden schützen und Böschungen Halt verleihen.

Vermehrung

Vermehrt sich selbst über Ausläufer und Samen. Gezielte Vermehrung am einfachsten durch Abtrennen der Rosetten an den Ausläufern oder durch Teilung. Aussaat am besten im Frühjahr.

Wissenswertes

Wildgemüse: Die hübschen Blüten eignen sich als essbare Dekoration für Salate oder den Tellerrand.

Nutzen für die Tierwelt: Als Pollen- und Nektarlieferant ist der Günsel vor allem für Hummeln, Bienen und Schmetterlinge von Bedeutung. Futterpflanze für die Raupen der Ditrapez-Erdeule *(Xestia ditrapezium)*.

Passende Partner

Gänseblümchen *(Bellis perennis)*; Wald-Erdbeere *(Fragaria vesca)*; Gundermann *(Glechoma hederacea)*; Wald-Vergissmeinnicht *(Myosotis sylvatica)*; Schaftlose Primel *(Primula vulgaris)*.

Weitere heimische Günsel-Arten:

Gelb-Günsel (Ajuga chamaepitys)

Genf-Günsel (Ajuga genevensis)

Pyramiden-Günsel (Ajuga pyramidalis)

Kalk-Frauenmantel

Alchemilla hoppeana (Rosengewächs)

- 5–20 cm hohe Staude
- Blattspreiten mit 7–9 Abschnitten, zu 80–95 Prozent ihrer Länge eingeschnitten
- oberseits matt bläulich grün bis graugrün, unterseits grauseidig
- Blütezeit Mai–Juli

Standort und Boden

Licht und Kälte liebende Art, die von Natur aus im Kalkgebirge in Felsfluren und Wiesen wächst. Eignet sich im Garten besonders für nährstoffarme, steinige Flächen als adretter Bodendecker. Die kompakten Teppiche schützen den Boden vor Sonneneinstrahlung und Erosion.

Vermehrung

Vermehrt sich selbst über Samen. Gezielte Vermehrung am besten durch Aussaat im Frühjahr. Eine vorherige Kühlbehandlung des Saatguts fördert die Keimung. Teilung am besten nach der Blüte oder im März/April.

Wissenswertes

Verbreitung/Lebensraum: Mit etwa 1000 Arten ist die Gattung in den Gebirgen der Alten Welt verbreitet. Diese großen Zahlen kommen daher, dass die *Alchemilla*-Arten untereinander sehr ähnlich und nahe verwandt sind, weil sie großteils aus Hybriden hervorgegangen sind, die sich aber genetisch isoliert haben und sich daher wie Arten verhalten.

Arzneipflanze: Frauenmantel wirkt zusammenziehend, entzündungshemmend, wundheilend, antiseptisch und gegen Durchfall. In der Volksmedizin besitzt die Gattung große Bedeutung bei der Behandlung von Wunden, Blutungen, Geschwüren, Frauenleiden, Bauchschmerzen und Nierensteinen.

Nutzen für die Tierwelt: Futterpflanze unter anderem für die Raupen des Almwiesen-Ringelspinners *(Malacosoma alpicola)*, Streifenbärs *(Grammia quenseli)*, Matterhornbärs *(Holarctia cervini)* und Engadiner Bärs *(Arctia flavia)*. Als Blütengäste können vor allem Florfliegen, Käfer, Wanzen, Zweiflügler und Hautflügler beobachtet werden. Auf dem Foto ist ein Kleiner Fuchs zu sehen.

Passende Partner

Zottiges Habichtskraut *(Hieracium villosum)*; Kugel-Rapunzel *(Phyteuma orbiculare)*; Große Braunelle *(Prunella grandiflora)*; Rotes Seifenkraut *(Saponaria ocymoides)*.

Weitere heimische Frauenmantel-Arten:

Verwachsener Frauenmantel (Alchemilla conjuncta)

Kahler Frauenmantel (Alchemilla glabra)

Berg-Frauenmantel (Alchemilla monticola)

Bär-Lauch

Allium ursinum (Lauchgewächs)

- 20–40 cm hohe Staude mit unterirdischer Zwiebel und starkem Lauchgeruch
- Blätter gestielt, meist zu zweit, breit lanzettlich bis elliptisch
- Blütenstand ohne Brutzwiebeln
- Kronblätter weiß
- Blütezeit April–Mai

Standort und Boden

Au- und Schluchtwaldpflanze, die im Garten ebenfalls schattige, frische bis feuchte, nährstoffreiche Standorte bevorzugt. Eignet sich besonders als Unterpflanzung von Gehölzgruppen, die keiner Bodenbearbeitung unterliegen. Zieht nach der Blüte ein und macht so Platz für andere Schattenpflanzen.

Vermehrung

Vermehrt sich selbst über Brutzwiebeln und Samen, die gerne von Ameisen vertragen werden. Gezielte Vermehrung am besten durch Brutzwiebeln, die kurz nach der Blüte geerntet werden, bevor die Tochterzwiebeln eigene neue Wurzeln bilden. Aussaat ist im Frühling möglich nach einer Kältebehandlung des Saatgutes.

Wissenswertes

Wildgemüse: Die gesamte Pflanze, von den unterirdischen Zwiebeln bis zu den Samen, ist genießbar. Am bekanntesten ist die Ernte der Blätter im März oder April, aber auch die Blütenknospen, die Blüten, die Samen als pfeffriges Gewürz und die Zwiebeln ähnlich den Knoblauchzehen ergeben ein hervorragendes Wildgemüse. Bär-Lauchblätter können nicht getrocknet werden. Man kann die Blätter aber durch den Fleischwolf drehen und dann in Schraubgläser abfüllen, wo sie mindestens ein Jahr lang haltbar bleiben.
Biologischer Pflanzenschutz: Bär-Lauch-Jauche, verdünnt über den Boden gegossen, hilft den Pflanzen gegen Pilzerkrankungen. Unverdünnt sollte die Jauche über jungen Karotten versprüht werden, um die Möhrenfliege von der Eiablage abzuhalten. Bär-Lauch-Tee hilft gegen Pilzerkrankungen wie Mehltau. Eine Herstellungsmöglichkeit: ½ kg Bär-Lauch zerkleinern und in zehn Liter Wasser ansetzen. Die fertige Jauche zehnfach verdünnen und ausbringen.
Arzneipflanze: Wirkt darmdesinfizierend, verdauungsfördernd, lipidsenkend, blutverflüssigend und blutdrucksenkend.
Nutzen für die Tierwelt: Bär-Lauch-Nektar ist eine wertvolle Nahrung für Bienen, Hummeln und kurzrüsselige Fliegen. Die Pollenproduktion der Bär-Lauchblüte hält den ganzen Tag an, mit einem Maximum in den Mittagsstunden von 11–14 Uhr. Bär-Lauch-Erzschwebfliege und Gefleckte Erzschwebfliege sind vom Bär-Lauch abhängig.

Passende Partner

Türkenbund-Lilie *(Lilium martagon)*; Vierblättrige Einbeere *(Paris quadrifolia)*; Ähren-Rapunzel *(Phyteuma spicatum)*; Vielblütiges Salomonssiegel *(Polygonatum multiflorum)*.

Weitere heimische Lauch-Arten:

Gekielter Lauch (Allium carinatum)

Gelber Lauch (Allium flavum)

Berg-Lauch (Allium lusitanicum)

Busch-Windröschen

Anemone nemorosa (Hahnenfußgewächs)

- 5–20 cm hohe Staude
- Bildet im Frühjahr hübsche Teppiche
- Weiße Blüte von 2–4 cm Durchmesser
- Blütezeit März–April

Standort und Boden

Halbschattiger bis schattiger Standort, mag frischen Boden. Verträgt intensive Bodenbearbeitung schlecht und liebt Standorte, die sich selbst überlassen bleiben. Nach der Blüte verschwinden bald auch die Blätter und es wird Platz für den nächsten Blüher. So gesehen fungiert das Busch-Windröschen als Vorgruppe im Konzert.

Vermehrung

Vermehrt sich selbst über Rhizome, die an einem Ende weiterwachsen und am anderen absterben. Dadurch wandert das Busch-Windröschen durch den Garten. Früchte werden nur selten gebildet. Gezielte Vermehrung am einfachsten durch Stockteilung nach der Blüte.

Wissenswertes

Nutzen für die Tierwelt: Durch die frühe Blütezeit eine wertvolle Pollenpflanze für die Insekten. In waldreichen Gegenden kann das Busch-Windröschen als Entwicklungstracht wesentlich zur Pollenversorgung der Bienenvölker beitragen. Nektar wird den Tieren keiner geboten. Futterpflanze für die Raupen des Anemonen-Blattspanners *(Perizoma didymata)*.

Passende Partner

Pfirsichblättrige Glockenblume *(Campanula persicifolia)*; Echte Bergminze *(Clinopodium nepeta)*; Hohlknolliger Lerchensporn *(Corydalis cava)*; Hundszahnlilie *(Erythronium dens-canis)*; Waldmeister *(Galium odoratum)*; Wald-Vergissmeinnicht *(Myosotis sylvatica)*; Wald-Schlüsselblume *(Primula elatior)*; Wald-Veilchen *(Viola reichenbachiana)*.

Weitere heimische Windröschen-Arten:

Gelbes Windröschen (Anemone ranunculoides)

Großes Windröschen (Anemone sylvestris)

Dreiblättchen-Windröschen (Anemone trifolia)

Färber-Hundskamille

Anthemis tinctoria (Korbblütler)

- 30–70 cm hohe, kurzlebige Staude
- Körbchenförmiger Blütenstand mit gelben Zungenblüten
- Blütezeit Juni–September

Standort und Boden
Liebt sonnige, warme Standorte und mäßig trockene, kalk- und nährstoffarme Böden. Eignet sich besonders für Sandböden.

Vermehrung
Vermehrt sich selbst über Samen. Gezielte Vermehrung am einfachsten durch Aussaat direkt an Ort und Stelle im zeitigen Frühjahr oder im Spätsommer.

Wissenswertes
Pflege: Ein Rückschnitt nach der ersten Blüte bringt eine Nachblüte.
Wildgemüse: Die Blätter eignen sich zum Würzen von Kräuterbutter.
Färberpflanze: Die Blütenköpfe der Färber-Hundskamille nutzten die Menschen zum Gelbfärben von Wolle, Leinen und anderen Stoffen. Auch Öl und Honig färben sie gelblich.
Nutzen für die Tierwelt: Pollenspender für Bienen, Käfer, Wespen und Fliegen. Zu den Blütenstaub sammelnden Gästen zählen sechs auf Korbblütler spezialisierte Wildbienen. Schmetterlingsfutterpflanze, unter anderem für die Raupen der Karden-Sonneneule *(Heliothis viriplaca)* und des Kamillen-Blütenspanners *(Eupithecia extremata)*. Die Samen sind eine wertvolle Nahrung für Wildvögel wie Hänfling und Goldammer.

Passende Partner
Rundblättrige Glockenblume *(Campanula rotundifolia)*; Heide-Nelke *(Dianthus deltoides)*; Doldiges Habichtskraut *(Hieracium umbellatum)*; Sand-Schwertlilie *(Iris humilis)*; Bisam-Malve *(Malva moschata)*; Saat-Mohn *(Papaver dubium)*.

Weitere heimische Hundskamillen-Arten:

Österreicher-Hundskamille (Anthemis austriaca)

Stinkende Hundskamille (Anthemis cotula)

Trionfettis Hundskamille (Anthemis triumfettii)

Echte Akelei

Aquilegia vulgaris (Hahnenfußgewächs)

- 30–70 cm hohe, kurzlebige Staude
- Blätter doppelt 3-teilig, bläulich grün
- Krone violettblau, selten auch rosa oder weiß
- Blütezeit Mai–Juni

der reichlich vorhandene Nektar so tief verborgen, dass nur langrüsselige Hummeln zu ihm gelangen. Die kurzrüsseligen begehen oft, um an den süßen Saft zu gelangen, kurzerhand Einbruch, indem sie die Blüten von außen aufbeißen.

Passende Partner

Ästige Graslilie *(Anthericum ramosum)*; Große Sterndolde *(Astrantia major)*; Borstige Glockenblume *(Campanula cervicaria)*; Klebrige Kratzdistel *(Cirsium erisithales)*; Berg-Flockenblume *(Cyanus montanus)*; Echte Hundszunge *(Cynoglossum officinale)*; Duftender Schöterich *(Erysimum odoratum)*; Vielfarbige Wolfsmilch *(Euphorbia polychroma)*; Knolliges Mädesüß *(Filipendula vulgaris)*; Blut-Storchschnabel *(Geranium sanguineum)*; Weiden-Alant *(Inula salicina)*; Wiesen-Salbei *(Salvia pratensis)*; Alpen-Greiskraut *(Senecio cordatus)*; Strauß-Wucherblume *(Tanacetum corymbosum)*; Fuchsschwanz-Klee *(Trifolium rubens)*; Trollblume *(Trollius europaeus)*; Rauhaariges Veilchen *(Viola hirta)*.

Standort und Boden

Sonnige bis halbschattige Standorte und frische Böden sind ideale Voraussetzungen für die Kultur der prächtigen heimischen Akelei. Sie siedelt sich auch gerne selbst in Pflasterritzen und Wegsäumen an und eignet sich unter anderem für Staudenbeete ohne Vliesabdeckung.

Vermehrung

Vermehrt sich selbst über Samen. Gezielte Vermehrung ebenfalls über Aussaat. Dazu erntet man die verhältnismäßig großen schwarzen Samen im Sommer, lagert sie an einem kühlen, trockenen, dunklen Ort und beginnt ab März mit der Neuaussaat.

Wissenswertes

Arzneipflanze: Homöopathische Zubereitungen sind beispielsweise bei Nervosität gebräuchlich.
Färbepflanze: Mithilfe der blauen Blüten lässt sich Wolle bläulich färben – aber wer bekäme es übers Herz, solch anmutige Blumen zum Färben zu verwenden?
Nutzen für die Tierwelt: Hummelpflanze. Im gekrümmten Spornende liegt

Weitere heimische Akelei-Arten:

Alpen-Akelei (Aquilegia alpina)

Dunkle Akelei (Aquilegia atrata)

Einseles Akelei (Aquilegia einseleana)

Echte Osterluzei

Aristolochia clematitis (Osterluzeigewächs)

- 40–90 cm hohe Staude
- Blätter dreieckig, unterseits bläulich grün
- Blüte gelb
- Blütezeit Mai

Standort und Boden

Helle Standorte in warmer Lage und nährstoffreiche Böden sind die besten Voraussetzungen für eine Ansiedelung der Osterluzei.

Vermehrung

Vermehrt sich selbst über Samen. Gezielte Vermehrung am einfachsten durch Teilung im Sommer oder durch Aussaat der flachen, fast dreieckig geformten Samen.

Wissenswertes

Bestäubung: Die interessanten Bestäubungsverhältnisse der Art wurden schon im Jahr 1793 von SPRENGEL studiert und beschrieben: Unbefruchtete Blüten stehen aufrecht. Kleine Insekten, vor allem Zuckmücken, kriechen in die Blütenröhre. Durch die Reusenhaare können sie nur vorwärts gelangen bis zum Kessel. Berühren sie schließlich die weibliche Narbe, richten sich die Narbenlappen auf, die Staubbeutel öffnen sich und beladen die Insekten mit Pollen. Die Reusenhaare verwelken und entlassen die Tiere in die Freiheit, wo sie schon die nächsten Blüten ansteuern.

Verbreitung: Südeuropäische Art. Im Mittelalter wurde die Osterluzei in vielen Gärten als Heilpflanze gezogen. Das erklärt auch ihre heutige Verbreitung nördlich der Alpen, wo sie wahrscheinlich nicht urheimisch, aber alteingebürgert ist. In den größten Teilen Mitteleuropas stellt die Echt-Osterluzei einen Kulturbegleiter dar, der vor allem in Weingebieten zu finden ist. Durch das

Auftreten der Art kann man sogar ehemalige Weingärten orten.

Nutzen für die Tierwelt: Auf Vorkommen der Osterluzei ist der prächtige Osterluzeifalter *(Zerynthia polyxena)* angewiesen. Die Raupen des Ritterfalters ernähren sich in Mitteleuropa ausschließlich von dieser Art.

Passende Partner

Schlangen-Lauch *(Allium scorodoprasum)*; Bilsenkraut *(Hyoscyamus niger)*; Knollige Platterbse *(Lathyrus tuberosus)*; Schopfige Traubenhyazinthe *(Muscari comosum)*; Klatsch-Mohn *(Papaver rhoeas)*; Hain-Salbei *(Salvia nemorosa)*; Großblütige Königskerze *(Verbascum densiflorum)*; Pannonische Wicke *(Vicia pannonica)*.

Wald-Geißbart

Aruncus dioicus (Rosengewächs)

- 100–180 cm hohe, langlebige Staude
- Blätter 2- bis 3-fach gefiedert
- Blüten sehr klein, zu Tausenden in rispig zusammengesetzten Ähren
- Die Blüten der männlichen Pflanzen sind reinweiß, die der weiblichen cremeweiß
- Blütezeit Juni–Juli

Standort und Boden

Wächst von Natur aus in luftfeuchten Schluchtwäldern und mag diese Bedingungen auch im Garten: Halbschatten bis Schatten und frische, nährstoffreiche Böden.

Vermehrung

Vermehrt sich selbst über Samen. Gezielte Vermehrung am einfachsten durch Aussaat nach der Fruchtreife im Spätsommer. Teilung ist mit einem scharfen Spaten im Frühjahr möglich.

Wissenswertes

Wildgemüse: Gegessen werden können die jungen Sprossen, wenn sie 10–15 cm aus dem Boden ragen. Sie schmecken eingeweckt oder als Wildspargel in Salzwasser gekocht am besten. Um die leichte Bitterkeit zu vermeiden, etwas Essig ins Kochwasser geben. Ältere Pflanzen sind ungenießbar.

Nutzen für die Tierwelt: Wertvolle Insektennährpflanze für Bienen, Fliegen, Käfer und Hummeln. Futterpflanze unter anderem für die Raupen des Grünlichen Gebüsch-Lappenspanners *(Acasis viretata)* und des Schwarzen Trauerfalters *(Neptis rivularis)*.

Passende Partner

Hirschzunge *(Asplenium scolopendrium)*; Große Sterndolde *(Astrantia major)*; Breitblättrige Glockenblume *(Campanula latifolia)*; Echter Wurmfarn *(Dryopteris filix-mas)*; Schwalbenwurz-Enzian *(Gentiana asclepiadea)*; Großes Springkraut *(Impatiens noli-tangere)*; Nesselkönig *(Lamium orvala)*; Wilde Mondviole *(Lunaria rediviva)*.

Berg-Aster

Aster amellus (Korbblütler)

- 10–60 cm hohe Staude, mit verholztem Wurzelstock
- Blätter lanzettlich
- Zungenblüten blaulila
- Blütezeit Juli–Oktober

Standort und Boden

Liebt helle und warme Standorte und trockene, kalkreiche und nährstoffarme Böden und eignet sich so für Blumenwiesen auf magerem Untergrund oder Saumgesellschaften, etwa am Rand von Laubgehölzgruppen. Einmal etabliert, bleibt die Berg-Aster ein treuer Begleiter im ungezähmten Garten.

Vermehrung

Vermehrt sich selbst über Samen. Gezielte Vermehrung am besten durch Aussaat im Frühjahr, Teilung im Frühjahr vor dem Austrieb oder durch Grundstecklinge mit einem kurzen, holzigen Ansatz.

Wissenswertes

Nutzen für die Tierwelt: Wertvoller Nektar- und Pollenspender, der den Insekten auch noch spät im Jahr zur Verfügung steht. Die Samen nutzen heimische Vögel wie Feldsperling, Distelfink und Dompfaff. Futterpflanze unter anderem für die Raupen von Astern-Mönch *(Cucullia asteris)* und Bergwald-Goldruten-Blütenspanner *(Eupithecia cauchiata)*. Nektarpflanze, unter anderem für die gefährdeten Arten Westlicher Scheckenfalter *(Melitaea parthenoides)* und Spätsommer-Würfeldickkopffalter *(Pyrgus cirsii)*.

Passende Partner

Frühlings-Adonisröschen *(Adonis vernalis)*; Großes Windröschen *(Anemone sylvestris)*; Skabiosen-Flockenblume *(Centaurea scabiosa)*; Sichelmöhre *(Falcaria vulgaris)*; Deutscher Kranzenzian *(Gentianella germanica)*; Rauer Alant *(Inula hirta)*; Breitblättrige Platterbse *(Lathyrus latifolius)*; Echte Kuhschelle *(Pulsatilla vulgaris)*.

Weitere heimische, nahe verwandte Arten:

Alpen-Aster (Aster alpinus)

Graue Steppenaster (Galatella cana)

Pannonische Salzaster (Triopolium pannonicum)

Große Sterndolde

Astrantia major (Doldenblütler)

- 30–80 cm hohe, langlebige Staude
- Grundständige Blätter 5- bis 7-teilig, Abschnitte breit, spitz gelappt und gezähnt
- Blüten grünlich weiß oder hellrosa, von weißlichen Hüllblättern umgeben
- Blütezeit Juni–August

Standort und Boden

Anspruchsloser Garten-Untermieter, der mit vielerlei Bedingungen zurechtkommt. Ideale Voraussetzungen sind halbschattige Standorte mit frischen und kalkreichen Böden.

Vermehrung

Vermehrt sich selbst über Samen. Gezielte Vermehrung am einfachsten durch Aussaat oder durch Stockteilung. Bei einer Samenvermehrung sollte das Saatgut vor dem Säen für mehrere Wochen in den Kühlschrank, damit sich durch die Kälte die keimhemmenden Stoffe abbauen.

Wissenswertes

Nutzen für die Tierwelt:
Viele Insekten nutzen die Sterndolden-Blüten als Nahrungsquelle. Futterpflanze unter anderem für die Raupen des Engelwurz-Blütenspanners *(Eupithecia tripunctaria)*. Nektarpflanze unter anderem für das Landkärtchen *(Araschnia levana)*.

Passende Partner

Ästige Graslilie *(Anthericum ramosum)*; Ochsenauge *(Buphtalmum salicifolium)*; Maiglöckchen *(Convallaria majalis)*; Warzen-Wolfsmilch *(Euphorbia verrucosa)*; Türkenbund-Lilie *(Lilium martagon)*; Punktierter Gilbweiderich *(Lysimachia punctata)*; Kugel-Rapunzel *(Phyteuma orbiculare)*.

Weitere heimische Sterndolden-Arten:

Bayerische Sterndolde (Astrantia bavarica)

Krainer Sterndolde (Astrantia carniolica)

Felsen-Steinkraut

Aurinia saxatilis (Kreuzblütler) (Syn. *Alyssum saxatile*)

- 15–30 cm hohe Staude
- Blätter graufilzig behaart
- Blütenstand eine Doppeltraube
- Krone leuchtend gelb, kahl
- Blütezeit April–Mai

Standort und Boden

Bevorzugt sonnige, trockene Standorte und magere, nährstoffarme Böden und eignet sich daher vor allem für Trockenmauern, Steingärten und Kiesrasen.

Vermehrung

Vermehrt sich selbst über Samen. Gezielte Vermehrung am einfachsten durch Aussaat von April bis Juni oder Kopfstecklinge im Spätsommer.

Wissenswertes

Name: Der botanische Gattungsname ist in Anlehnung an die Blütenfarbe nach dem lateinischen «aurum» (= Gold) benannt.

Nutzen für die Tierwelt: Blütengäste sind in erster Linie Honigbienen, Schmetterlinge und Hummeln, die den Nektar sammeln. Zwei Furchenbienenarten und fünf Sandbienenarten nutzen den nur spärlich gebotenen Blütenstaub.

Passende Partner

Alpen-Gänsekresse *(Arabis alpina)*; Mauerraute *(Asplenium ruta-muraria)*; Nelken-Leimkraut *(Atocion armeria)*; Feld-Steinquendel *(Clinopodium acinos)*; Acker-Gipskraut *(Gypsophila muralis)*; Gelber Lerchensporn *(Pseudofumaria lutea)*; Rotes Seifenkraut *(Saponaria ocymoides)*; Dickblatt-Mauerpfeffer *(Sedum dasyphyllum)*; Dach-Hauswurz *(Sempervivum tectorum)*; Edel-Gamander *(Teucrium chamaedrys)*.

Weitere heimische Steinkraut-Arten:

Kelch-Steinkraut (Alyssum alyssoides)

Berg-Steinkraut (Alyssum montanum)

Kriechendes Steinkraut (Alyssum repens)

Gänseblümchen

Bellis perennis (Korbblütler)

- ☞ 3–15 cm hohe Staude
- ☞ Blätter spatelförmig
- ☞ Blütenkörbe weiß mit gelber Mitte, Zungenblüten oft rosa überlaufen
- ☞ Blütezeit März–Oktober, oft auch im Winter

Standort und Boden

Gänseblümchen sind Sonnenkinder, die frische, mäßig nährstoffreiche Böden bevorzugen und vor allem für mehrfach gemähte Blumenwiesen geeignet sind.

Vermehrung

Vermehrt sich selbst durch Samen. Gezielte Vermehrung am einfachsten durch Aussaat von März bis Oktober. Saatgut der Gänseblümchen-Wildform findet sich im Handel.

Wissenswertes

Wildgemüse: Blätter und Blütenkörbchen sind roh als Salat oder gekocht in Kräutersuppen essbar. Die Blüten verschönern Speisen und den Tellerrand.

Arzneipflanze: Das Gänseblümchen ist in der Homöopathie eine häufig eingesetzte Pflanze, in erster Linie bei Verletzungen, Prellungen, Verstauchungen und rheumatischen Beschwerden infolge Überbeanspruchung des Bewegungsapparates. In der Kosmetik wird es zum Aufhellen der Haut benutzt.

Nutzen für die Tierwelt: Durch die fast ganzjährige Blütezeit eine wertvolle Nektar- und Pollenquelle für Insekten. Nektarpflanze unter anderem für den gefährdeten Westlichen Scheckenfalter und das Hornkraut-Tageulchen. Futterpflanze unter anderem für die Raupen von Zickzackbinden-Alpenblattspanner *(Euphyia scripturata)*, Gebändertem Labkraut-Blattspanner *(Xanthorhoe spadicearia)* und Ditrapez-Erdeule *(Xestia ditrapezium)*.

Passende Partner

Kriechender Günsel *(Ajuga reptans)*; Wiesen-Schaumkraut *(Cardamine pratensis)*; Gundermann *(Glechoma hederacea)*; Wiesen-Hornklee *(Lotus corniculatus)*; Langhaariges Habichtskraut *(Pilosella officinarum)*; Schaftlose Schlüsselblume *(Primula vulgaris)*; Kleine Brunelle *(Prunella vulgaris)*; Arznei-Quendel *(Thymus pulegioides)*; Duft-Veilchen *(Viola odorata)*.

Purpurblauer Steinsame

Buglossoides purpurocaerulea (Raublattgewächs)

- 10–50 cm hohe Staude
- Rhizom verholzt
- Blätter lanzettlich
- Krone zuerst rotviolett, dann leuchtend azurblau
- Blütezeit April–Juni

Standort und Boden

Wild wächst das Raublattgewächs in wärmebegünstigten Saumgesellschaften und auch im Garten liebt die Art solche halbschattigen, warmen Standorte und stickstoffarme, mäßig trockene Böden. Eignet sich hervorragend als Bodendecker, der mittels seiner langen Ausläufer durch den Garten «wandert», was im ungezähmten Garten gerne auch mal toleriert wird.

Vermehrung

Vermehrt sich selbst über Ausläufer und Samen. Gezielte Vermehrung am einfachsten durch Abtrennen der bewurzelten Ausläufer im Frühling oder Rhizomteilung im Spätsommer. Aussaat ist im Herbst möglich – Kältekeimer.

Wissenswertes

Nutzen für die Tierwelt: Vor allem Hummeln und Bienen nutzen die Trichterblume des Nektars wegen.

Passende Partner

Großes Windröschen, *(Anemone sylvestris)*; Steppen-Glockenblume, *(Campanula sibirica)*; Trionfettis Flockenblume *(Cyanus triumfettii)*; Diptam *(Dictamnus albus)*; Knolliges Mädesüß *(Filipendula vulgaris)*; Blut-Storchschnabel *(Geranium sanguineum)*; Schwert-Alant *(Inula ensifolia)*; Grasblättrige Schwertlilie *(Iris graminea)*; Breitblättrige Platterbse *(Lathyrus latifolius)*; Österreicher-Lein *(Linum austriacum)*; Immenblatt *(Melittis melissophyllum)*; Große Kreuzblume *(Polygala major)*; Echtes Salomonsiegel *(Polygonatum odoratum)*; Weißes Fingerkraut *(Potentilla alba)*; Frühlings-Schlüsselblume *(Primula veris)*; Bibernell-Rose *(Rosa spinosissima)*; Hain-Salbei *(Salvia nemorosa)*; Strauß-Wucherblume *(Tanacetum corymbosum)*; Großer Ehrenpreis *(Veronica teucrium)*.

Weitere heimische, nahe verwandte Arten:

Echte Hundszunge (Cynoglossum officinale)

Braunes Mönchskraut (Nonea pulla)

Nabelnüsschen (Omphalodes verna)

Ochsenauge

Buphtalmum salicifolium (Korbblütler)

- 30–60 cm hohe Staude mit lanzettlichen Blättern
- Blütenkörbe goldgelb, 3–5 cm im Durchmesser, mit gleichmäßigem Strahlenkranz
- Blütezeit Juni–August

Standort und Boden

Das Ochsenauge mag helle Standorte und mäßig trockene bis frische, kalkreiche und nährstoffarme Böden. In der Landschaftsgestaltung wird es aufgrund seiner Anspruchslosigkeit gerne für extensiv gepflegte Blumenwiesen über schottrigem Untergrund herangezogen.

Vermehrung

Vermehrt sich selbst über Samen. Gezielte Vermehrung am einfachsten durch Aussaat gleich nach der Samenreife oder durch Teilung.

Wissenswertes

Nutzen für die Tierwelt: Als Pollen- und Nektarquelle wird das Ochsenauge von Honigbienen, verschiedenen Keilfleckschwebfliegen, Hummeln und Wildbienen genutzt. Unter Letzteren befinden sich zwei Arten, eine Löcherbiene und eine Mauerbienen-Art, die sich auf Korbblütler spezialisiert haben. An Faltern konnten unter anderem Kommafalter, Brauner Waldvogel, Widderchen und Rostfarbiger Dickkopffalter als Blütengäste beobachtet werden.

Passende Partner

Knäuel-Glockenblume *(Campanula glomerata)*; Skabiosen-Flockenblume *(Centaurea scabiosa)*; Kartäuser-Nelke *(Dianthus carthusianorum)*; Deutscher Backenklee *(Dorycnium germanicum)*; Blut-Storchschnabel *(Geranium sanguineum)*; Echtes Sonnenröschen *(Helianthemum nummularium)*; Gelber Lein *(Linum flavum)*; Dost *(Origanum vulgare)*; Hain-Salbei *(Salvia nemorosa)*; Großer Ehrenpreis *(Veronica teucrium)*.

Weitere heimische, nahe verwandte Arten:

Arnika (Arnica montana)

Wald-Habichtskraut (Hieracium murorum)

Steifhaariges Milchkraut (Leontodon hispidus)

Acker-Glockenblume

Campanula rapunculoides (Glockenblumengewächs)

- 30–80 cm hohe Staude mit unterirdischen Ausläufern
- Blätter breit lanzettlich, behaart
- Blütenstand einseitswendig
- Blütezeit Juni – September

Standort und Boden

Anspruchslos, gedeiht sowohl in sonnigen als auch halbschattigen Bereichen und akzeptiert nährstoffarme Böden genauso wie nährstoffreiche. Liebt frische bis mäßig trockene Standorte und Wärme. Eignet sich hervorragend für die Randzone von Gehölzgruppen. Bodenfestiger, schützt das Erdreich vor praller Sonne und Erosion.

Vermehrung

Vermehrt sich selbst über Ausläufer und Samen. Gezielte Vermehrung am einfachsten durch Aussaat, der Same wird dabei nur angedrückt, nicht zugedeckt. Ebenfalls einfach ist die Vermehrung durch Abtrennen der bewurzelten Ausläufer nach der Blüte, grundständige Stecklinge im Frühjahr oder Stockteilung im Herbst.

Wissenswertes

Wildgemüse: Vor allem die milden, süßlich schmeckenden Blüten werden roh gegessen. Sie zieren Desserts und Tellerränder.

Nutzen für die Tierwelt: Wertvoller Nektar- und Pollenspender. Die Staubblätter müssen von den Bienen und Hummeln zur Seite gedrückt werden, damit sie an den Nektar im Kronengrund gelangen können. Mehrere Wildbienen-Arten haben sich auf Glockenblumen spezialisiert. Sie verproviantieren ihre Brutzellen nur mit dem Blütenstaub dieser Pflanzengattung.

Passende Partner

Gekielter Lauch *(Allium carinatum)*; Vielfarbige Wolfsmilch *(Euphorbia polychroma)*; Echtes Johanniskraut *(Hypericum perforatum)*; Punktierter Gilbweiderich *(Lysimachia punctata)*; Große Brunelle *(Prunella grandiflora)*; Quirl-Salbei *(Salvia verticillata)*; Deutscher Ziest *(Stachys germanica)*.

Weitere heimische Glockenblumen-Arten:

Knäuel-Glockenblume (Campanula glomerata)

Breitblättrige Glockenblume (Campanula latifolia)

Ährige Glockenblume (Campanula spicata)

Fünfblättrige Zahnwurz

Cardamine pentaphyllos (Kreuzblütler)

- 20–50 cm hohe Staude mit waagrecht kriechendem Rhizom
- Blätter 5-zählig gefingert, die oberen 3-zählig
- Kronblätter 15–25 mm lang, purpurlila
- Blütezeit April–Mai

Standort und Boden
Waldpflanze, die schattige bis halbschattige Standorte und frische Waldmullböden liebt. Eignet sich im Garten besonders für Laubholzgruppen, die ungestört bleiben oder zumindest wenig bearbeitet werden.

Vermehrung
Vermehrt sich selbst über Samen. Die Samen werden bei der Reife im Juli/August durch ein schnelles Aufrollen der Fruchtklappen weggeschleudert. Gezielte Vermehrung am einfachsten durch Teilung der Rhizome nach der Blüte.

Wissenswertes
Name: Der Gattungsname ist von «cardamina», einem mittellateinischen Ausdruck für die Garten-Kresse, abgeleitet. Auch bei den alten Griechen war «kardamon» der Name für die Kresse.
Nutzen für die Tierwelt: Als Blütengäste wurden unter anderem Furchenbienen, Sandbienen, Hummelschweber, Tanzfliegen, Schwebfliegen, Blumenfliegen, Brombeerzipfelfalter, Schwalbenschwanz, Senfweißling, Aurorafalter und Tagpfauenauge beobachtet.

Passende Partner
Christophskraut *(Actaea spicata)*; Wald-Geißbart *(Aruncus dioicus)*; Mandelblättrige Wolfsmilch *(Euphorbia amygdaloides)*; Schaftdolde *(Hacquetia epipactis)*; Schneerose *(Helleborus niger)*; Frühlings-Platterbse *(Lathyrus vernus)*; Klebriger Salbei *(Salvia glutinosa)*; Knollen-Beinwell *(Symphytum tuberosum)*.

Weitere heimische Zahnwurz-Arten:

Zwiebelchen-Zahnwurz (Cardamine bulbifera)

Quirlblättrige Zahnwurz (Cardamine enneaphyllos)

Ausläufer-Zahnwurz (Cardamine glanduligera)

Zypergras-Segge

Carex pseudocyperus (Sauergras)

- 50–90 cm hohe Staude, lockere Horste bildend
- Stängel scharf dreikantig und rau
- Blätter gelbgrün, 7–13 mm breit
- Blütezeit Mai–Juni

Aussaat nach der Fruchtreife. Die Keimung erfolgt in der Regel erst im darauffolgenden Frühjahr.

Wissenswertes

Nutzen für die Tierwelt: Die ebenfalls heimische Sumpf-Segge *(Carex acutiformis)* ist Futterpflanze unter anderem für die Raupen von Trinkerin *(Euthrix potatoria)*, Blaukernauge *(Minois dryas)*, Schrägflügeleule *(Sedina buettneri)* und Schwarzkolbigem Braundickkopf *(Thymelicus lineola)*. Die Zittergras-Segge *(C. brizoides)* bewirtet Weißrandigen Mohrenfalter *(Aphantopus hyperantus)* und Laubholz-Sackträger *(Sterrhopterix fusca)*.

Passende Partner

Schwanenblume *(Butomus umbellatus)*; Wasserschierling *(Cicuta virosa)*; Gelbe Schwertlilie *(Iris pseudacorus)*; Blutweiderich *(Lythrum salicaria)*; Fluss-Ampfer *(Rumex hydrolapathum)*; Echtes Pfeilkraut *(Sagittaria sagittifolia)*; Sumpf-Greiskraut *(Senecio paludosus)*; Ästiger Igelkolben *(Sparganium erectum)*.

Standort und Boden

An Ufern stehend oder in langsam fließenden Gewässern, in Sumpfwiesen und in Röhrichten ist die Zypergras-Segge beheimatet und nach einem solchen sonnigen bis halbschattigen und vor allem nassen Ort verlangt sie auch im Garten. Schützt und festigt mit ihren Rhizomen die Verlandungszonen der Gewässer.

Vermehrung

Vermehrt sich selbst über Samen, die gerne auch vom Wasser vertragen werden. Gezielte Vermehrung am einfachsten durch Rhizomteilung die gesamte Wachstumszeit über oder durch

Weitere heimische Seggen-Arten:

Monte-Baldo-Segge (Carex baldensis)

Hängende Segge (Carex pendula)

Inn-Segge (Carex randalpina)

Rote Spornblume

Centranthus ruber (Baldriangewächs)

- 30–80 cm hohe Staude
- Blätter blaugrün
- Teilblütenstände trugdoldenähnlich
- Krone purpurrosa
- Blütezeit Mai–Juli

Standort und Boden

Als mediterrane Art ist die Spornblume nur in den wärmsten Alpentälern der südlichen Schweiz ursprünglich, woraus ihr Wärmeanspruch ersichtlich wird. In warmen Lagen hat sie sich in Mitteleuropa teilweise eingebürgert. Hell, trocken, kalkreich und stickstoffarm sind die idealen Voraussetzungen. Sie liebt südseitige Trockenböschungen, Pflasterfugen und Mauerritzen, die sie mithilfe der flugfähigen Samen leicht besiedeln kann.

Vermehrung

Vermehrt sich selbst über Samen. Gezielte Vermehrung am einfachsten durch Aussaat oder vorsichtige Stockteilung.

Wissenswertes

Nutzen für die Tierwelt: Der Nektar befindet sich am Grund des langen Sporns. Er ist daher nur Insekten mit längerem Rüssel wie Ackerhummel, Gartenhummel, Zitronenfalter, Großem Kohlweißling, Großem Ochsenauge, Taubenschwänzchen, Kleinem Fuchs und Hummelschwärmer zugänglich. Futterpflanze unter anderem für die Raupen von Violettbrauner Kapseleule *(Hadena rivularis)* und Taubenschwänzchen *(Macroglossum stellatarum)*.

Passende Partner

Blasse Stockrose *(Alcea biennis)*; Echte Ochsenzunge *(Anchusa officinalis)*; Echter Wundklee *(Anthyllis vulneraria)*; Esparsetten-Tragant *(Astragalus onobrychis)*; Duftender Schöterich *(Erysimum odoratum)*; Breitblättrige Platterbse *(Lathyrus latifolius)*; Kranz-Lichtnelke *(Lychnis coronaria)*; Hain-Salbei *(Salvia nemorosa)*; Rotes Seifenkraut *(Saponaria ocymoides)*; Prächtige Königskerze *(Verbascum speciosum)*.

Wechselblättriges Milzkraut

Chrysosplenium alternifolium (Steinbrechgewächs)

- 5–15 cm hohe Staude
- Blätter wechselständig, Blattspreite nierenförmig, stumpf gekerbt
- Hochblätter gelb, Kronblätter fehlen
- Blütezeit März–April

Standort und Boden

Liebt schattige bis halbschattige Standorte und feuchte bis nasse Böden und kommt mit Staunässe und anstehendem Grundwasser gut zurecht. Bisher die einzige bekannte Blütenpflanze der Lampenflora, also von Pflanzen, denen in Höhlen das künstliche Licht zum Gedeihen genügt. Die unterirdischen Ausläufer festigen den Boden, besonders feuchte Rutschhänge.

Vermehrung

Vermehrt sich selbst über Samen durch Regenausbreitung. Gezielte Vermehrung am einfachsten durch Aussaat nach der Fruchtreife oder Abtrennen der bewurzelten Ausläufer.

Wissenswertes

Name: Der botanische Gattungsname ist aus den beiden altgriechischen Wörtern «chrysos» (= golden) und «splen» (= Milz) zusammengesetzt.

Nutzen für die Tierwelt: Die Blüten bieten Nektar und Pollen, der besonders von Fliegen und Käfern als Nahrung genutzt wird.

Passende Partner

Hirschzunge *(Asplenium scolopendrium)*; Save-Zahnwurz *(Cardamine waldsteinii)*; Riesen-Schachtelhalm *(Equisetum telmateia)*; Ruprechtsfarn *(Gymnocarpium robertianum)*; Großes Springkraut *(Impatiens noli-tangere)*; Goldnessel *(Lamiastrum montanum)*; Straußenfarn *(Matteuccia struthiopteris)*; Wald-Bingelkraut *(Mercurialis perennis)*; Rundblättriger Steinbrech *(Saxifraga rotundifolia)*; Siebenstern *(Trientalis europaea)*.

Illyrischer Krokus

Crocus exiguus (Schwertliliengewächs)

- 5–15 cm hohe Staude mit unterirdischer Knolle
- Blätter schmal lanzettlich, mit weißem Mittelnerv
- Blüte lila
- Blütezeit März

Standort und Boden

Der in Mitteleuropa nur in der Steiermark und in Kärnten heimische Illyrische Krokus bevorzugt sonnige bis halbschattige Standorte und frische bis feuchte, mäßig nährstoffreiche Böden. Im ungezähmten Garten eignet er sich besonders für moosreiche Wiesen mit jährlich mehrmaliger Mahd. Streuobstwiesen gehören ebenfalls zu seinen bevorzugten Wuchsorten und so passt er auch ganz hervorragend in die Wiesen des Obstgartens.

Vermehrung

Vermehrt sich selbst über Brutknollen und Samen. Gezielte Vermehrung am einfachsten im Juli/August durch Abtrennen der Brutknöllchen, die der Mutterknolle aufsitzen. Die Tochterknollen werden durch Drehen von der Mutterknolle getrennt. Die Samenvermehrung erfolgt gleich nach der Fruchtreife, bis zur Blühreife vergehen aber meist zwei bis drei Jahre.

Wissenswertes

Nutzen für die Tierwelt: Krokus verlängert die Blütezeit im Garten und ist durch seine frühe Blütezeit besonders für die Insektenwelt wertvoll. Der an der Griffelbasis reichlich gebotene Nektar ist für den langen dünnen Rüssel überwinternder Falter wie Zitronenfalter, Kleiner Fuchs, C-Falter, Trauermantel oder Tagpfauenauge bequem erreichbar. Ökologisch wesentlich größere Bedeutung hat aber der von den Krokusblüten reichlich produzierte Pollen. Krokusse passen hervorragend in extensiv gepflegte Blumenwiesen. Bereits wenige Quadratmeter eines solchen artenreichen Gartenteils locken unzählige Insekten an und bereichern den Speiseplan der Vögel. Je magerer der Boden ist, desto artenreicher wird die Wiese werden.

Passende Partner

Genfer Günsel *(Ajuga genevensis)*; Breitblättrige Glockenblume *(Campanula latifolia)*; Festknolliger Lerchensporn *(Corydalis solida)*; Hundszahnlilie *(Erythronium dens-canis)*; Schneeglöckchen *(Galanthus nivalis)*; Kochs Enzian *(Gentiana acaulis)*; Grüner Nieswurz *(Helleborus viridis)*; Frühlings-Platterbse *(Lathyrus vernus)*; Schaftlose Primel *(Primula vulgaris)*; Gold-Hahnenfuß *(Ranunculus auricomus)*; Zweiblättriger Blaustern *(Scilla bifolia)*.

Berg-Flockenblume

Cyanus montanus (Korbblütler)

- ☞ 20–60 cm hohe Staude
- ☞ Stängel filzig behaart
- ☞ Blütenkörbe meist einzeln
- ☞ Hüllblattanhängsel dreieckig, schwärzlich
- ☞ Blütezeit Mai–August

gerfarben setzt man etwas Tapetenkleister zu.
Nutzen für die Tierwelt: Blumenkäfer lieben die Blütenblätter der Berg-Flockenblume. Sie würden die Blüten restlos abfressen, wenn die heimische, häufig kultivierte Art nicht zur Gegenwehr greifen und kleine Honigtröpfchen aus den Kelchschuppen absondern würde. Dieser süße Saft lockt Ameisen an, welche den Blumenkäfer verjagen. Flockenblumen ziehen des Nektars wegen Dutzende Schmetterlingsarten an. Sieben Wildbienenarten verproviantieren ihre Brutzellen mit dem Pollen.

Standort und Boden
Durch ihr kräftiges Blau ist die Berg-Flockenblume eine auffallende Erscheinung der Bergwiesen. Diese Voraussetzungen, hell bis halbschattig und frische, nährstoffreiche Böden mag sie auch im Garten und bekommt sie die, ist sie für uns Menschen ein treuer Begleiter auf lange Zeit.

Vermehrung
Vermehrt sich selbst über Samen. Gezielte Vermehrung ist durch Aussaat, Stecklinge und Wurzelschnittlinge im Frühjahr leicht möglich.

Wissenswertes
Wildgemüse: Die Blüten dienen als dekorative Beigabe zu Trockenteemischungen. Auch als essbare Verzierung für den Tellerrand sind sie brauchbar.
Färberpflanze: Als blaue Malfarbe wird der breiige Sud zerriebener Zungenblüten in Kombination mit wenig Wasser nach dem Abseihen genutzt. Für Fin-

Passende Partner
Echte Akelei *(Aquilegia vulgaris)*; Berg-Kratzdistel *(Cirsium montanum)*; Echte Hundszunge *(Cynoglossum officinale)*; Türkenbund-Lilie *(Lilium martagon)*; Lauch-Scheibenschötchen *(Peltaria alliacea)*; Quirliges Salomonssiegel *(Polygonatum verticillatum)*; Trollblume *(Trollius europaeus)*; Schwarze Königskerze *(Verbascum nigrum)*.

Weitere heimische, nahe verwandte Arten:

Kornblume (Cyanus segetum)

Trionfettis Flockenblume (Cyanus triumfettii)

Wiesen-Flockenblume (Centaurea jacea)

Zimbelkraut

Cymbalaria muralis (Wegerichgewächs)

- Niederliegende bis hängende, bis 60 cm lange Staude
- Blätter 5- bis 7-lappig
- Krone helllila, violett geadert, mit gelbem Schlund
- Blütezeit April – September

Standort und Boden

Halbschattenpflanze für warme Standorte und frische, nährstoffarme Böden. Mauern und Felsen sind ihre bevorzugten Wuchsplätze, meidet aber voll besonnte und stark austrocknende Mauern und Steinschlichtungen.

Vermehrung

Vermehrt sich selbst über Samen. Gezielte Vermehrung am einfachsten durch Aussaat, indem die Samen in Lehmkügelchen gedrückt und diese dann in den Mauerritzen platziert werden. Das Zimbelkraut hat eine biologische Eigentümlichkeit: Die dem Licht zuwachsenden Blütenstiele wenden sich nach der Befruchtung vom Licht ab, um die Samen näher bei den Ritzen ausstreuen zu können.

Wissenswertes

Nutzen für die Tierwelt: Wertvoller Nektarspender für langrusselige Hummeln und Schmetterlinge wie das Taubenschwänzchen. Kurzrüsselige Hummeln und Bienen begehen oft Blüteneinbruch und beißen den Sporn von außen durch, um an den Nektar zu gelangen.

Passende Partner

Alpen-Gänsekresse *(Arabis alpina)*; Mauerraute *(Asplenium ruta-muraria)*; Niedliche Glockenblume *(Campanula cochleariifolia)*; Zarter Blasenfarn *(Cystopteris fragilis)*; Kriechendes Gipskraut *(Gypsophila repens)*; Lärchenblättrige Miere *(Minuartia laricifolia)*; Gelber Lerchensporn *(Pseudofumaria lutea)*; Keilblättriger Steinbrech *(Saxifraga cuneifolia)*.

Weitere heimische, nahe verwandte Arten:

Eiblättriges Tännelkraut (Kickxia spuria)

Alpen-Leinkraut (Linaria alpina)

Echtes Leinkraut (Linaria vulgaris)

Heide-Nelke

Dianthus deltoides (Nelkengewächs)

- 10–40 cm hohe Staude, mit vegetativen Trieben
- Beblätterte Sprosse überwinternd
- Blätter linealisch, 1–2 mm breit
- Platte der Kronblätter purpurn, 7–10 mm lang
- Blütezeit Mai–September

Standort und Boden

Auf hellen, trockenen Heiden auf saurem, nährstoffarmem Untergrund findet man die Heide-Nelke in der Natur am ehesten und genau diese Bedürfnisse nimmt sie auch mit in den Garten. Heidegärten, Saumgesellschaften und Blumenwiesen sind ihre bevorzugten Plätze. Mahd verträgt sie erst ab August.

Vermehrung

Vermehrt sich selbst über Samen. Gezielte Vermehrung am einfachsten durch Aussaat im Frühjahr. Teilung ist im zeitigen Frühjahr oder im Spätsommer nach der Blüte möglich.

Wissenswertes

Wildgemüse: Die farbenfrohen Blütenblätter aller heimischen Nelken sind essbar, wenn der herbe Ansatz entfernt wird. Sie schmücken Tees, Salate oder Süßspeisen.

Nutzen für die Tierwelt: Nelken gehören zu den Tagfalterblumen. Mit ihrer engen, langen Blütenröhre vermag allein der ausgefahrene Rüssel eines Schmetterlings bis zum Nektar vorzudringen. Gut 30 Arten, darunter Schwalbenschwanz, Gemeiner Heufalter, Schachbrett, Ochsenauge, Kommafalter, Gelbwürfeliger Dickkopffalter, Esparsettenwidderchen, Zitronenfalter, Taubenschwänzchen, Ockergelber Braundickkopffalter und Sonnenröschen-Grünwidderchen können als Blütengäste beobachtet werden.

Passende Partner

Färber-Hundskamille *(Anthemis tinctoria)*; Felsen-Steinkraut *(Aurinia saxatilis)*; Rundblättrige Glockenblume *(Campanula rotundifolia)*; Echtes Tausendgüldenkraut *(Centaurium erythraea)*; Besenginster *(Cytisus scoparius)*; Raue Nelke *(Dianthus armeria)*; Zypressen-Wolfsmilch *(Euphorbia cyparissias)*; Echtes Labkraut *(Galium verum)*; Flügel-Ginster *(Genista sagittalis)*; Berg-Sandglöckchen *(Jasione montana)*; Arznei-Quendel *(Thymus pulegioides)*; Feld-Stiefmütterchen *(Viola tricolor)*; Echte Pechnelke *(Viscaria vulgaris)*.

Weitere heimische Nelken-Arten:

Bart-Nelke (Dianthus barbatus)

Kartäuser-Nelke (Dianthus carthusianorum)

Montpellier-Nelke (Dianthus hyssopifolius)

Kriechende Gamswurz

Doronicum pardalianches (Korbblütler)

- 30–100 cm hohe Staude mit unterirdischen Ausläufern
- Blätter herzförmig
- Blütenstand mit körbchenförmigen Teilblütenständen, nicht selten auch in sterilen, nicht blühenden Herden
- Blütezeit Mai–Juli

Standort und Boden

Wälder und Waldlichtungen sind die natürliche Heimat des Korbblütlers, der sich im Garten besonders als Bodendecker für schattige bis halbschattige Stellen mit frischem Erdreich eignet. Zur Blütezeit ausgesprochen hübsch, sieht die Gamswurz auch im vegetativen Zustand immer nett aus. Die fleischigen, ausläuferartigen Rhizome festigen das Erdreich, die Grundblätter schützen den Boden.

Vermehrung

Vermehrt sich selbst über Ausläufer und Samen. Gezielte Vermehrung am einfachsten durch Abtrennen der am Ende knollig verdickten Ausläufer nach der Blüte.

Wissenswertes

Name: Der deutsche Name stammt von dem Glauben, dass Gämse dank der Pflanze, welche sie gerne mitsamt der Wurzel fressen, schwindelfrei werden.

Nutzen für die Tierwelt: Honigbienen und Hummeln besuchen die Blüten bevorzugt in den frühen Vormittagsstunden. *Doronicum* wird auch gerne von der Löcherbiene *(Heriades truncorum)* besucht, welche ausschließlich Korbblütler anfliegt und ihre Liniennester im Totholz, in hohlen Pflanzenstängeln und in Nisthilfen anlegt. Auch die Rotschopfige Sandbiene ist ein mehrfach gesehener Gast. An Schmetterlingen wurden bisher Zitronenfalter, Rapsweißling und Kleiner Fuchs beobachtet, an Käfern beispielsweise der Zottige Immenkäfer.

Passende Partner

Maiglöckchen *(Convallaria majalis)*; Knotiger Storchschnabel *(Geranium nodosum)*; Berg-Goldnessel *(Lamiastrum montanum)*; Wald-Vergissmeinnicht *(Myosotis sylvatica)*; Vielblütiges Salomonssiegel *(Polygonatum multiflorum)*; Knotenfuß *(Streptopus amplexifolius)*; Knotiger Beinwell *(Symphytum tuberosum)*; Dreiblättchen-Waldsteinie *(Waldsteinia ternata)*.

Weitere heimische Gamswurz-Arten:

Österreicher-Gamswurz (Doronicum austriacum)

Clusius-Gamswurz (Doronicum clusii)

Großköpfige Gamswurz (Doronicum grandiflorum)

Echter Wurmfarn

Dryopteris filix-mas (Wurmfarngewächs)

- 40–100 cm hohe Staude
- Rhizom kurz und dick, aufsteigend
- Blätter sommergrün, an wintermilden Stellen zum Teil auch wintergrün
- Fiederabschnitte allseits kerbsägig
- Sporenreife Juli–September

Standort und Boden
Wie die meisten Farne ist auch der Wurmfarn für halbschattige bis schattige Standorte in luftfeuchter Lage und frischem Boden dankbar. Die kräftigen Rhizome festigen das Erdreich, insbesondere steile Böschungen.

Vermehrung
Vermehrt sich selbst über Sporen. Gezielte Vermehrung am einfachsten durch Teilung im Frühjahr, wenn die jungen Triebe erkennbar, die Wedel aber noch nicht entrollt sind. Wurzelschnittlinge sind von Oktober bis März möglich, Sporenvermehrung ab August.

Wissenswertes
Biologischer Pflanzenschutz: Wurmfarnbrühe hilft als Winterspritzung bei Schmier- und Schildläusen und vorbeugend gegen Rostkrankheiten. Dabei wird 1 Kilo Kraut in 10 Liter Wasser angesetzt und 1:10 verdünnt ausgebracht. Auch als Mulch hilft der Wurmfarn gegen Läuse und andere tierische Schädlinge, erprobt bei Kartoffeln, Gurken, Blumenkohl und Tomaten.
Nutzen für die Tierwelt: Futterpflanze unter anderem für die Raupen von Achateule *(Phlogophora meticulosa)*, Waldfarn-Smaragdeule *(Phlogophora scita)*, Buchdruckereule *(Naenia typica)* und Purpurglanzeule *(Euplexia lucipara)*.

Passende Partner
Wald-Geißbart *(Aruncus dioicus)*; Wald-Frauenfarn *(Athyrium filix-femina)*; Rippenfarn *(Blechnum spicant)*; Schuppiger Wurmfarn *(Dryopteris affinis)*; Breiter Wurmfarn *(Dryopteris dilatata)*; Entferntfiedriger Wurmfarn *(Dryopteris remota)*; Brauner Storchschnabel *(Geranium phaeum)*; Efeu *(Hedera helix)*; Berg-Goldnessel *(Lamiastrum montanum)*; Wilde Mondviole *(Lunaria rediviva)*; Straußfarn *(Matteuccia struthiopteris)*; Echter Tüpfelfarn *(Polypodium vulgare)*; Brauns Schildfarn *(Polystichum braunii)*; Lanzenfarn *(Polystichum lonchitis)*; Borstiger Schildfarn *(Polystichum setiferum)*; Rundblättriger Steinbrech *(Saxifraga rotundifolia)*; Hain-Veilchen *(Viola riviniana)*.

Weitere heimische Farn-Arten:

Breiter Wurmfarn (Dryopteris dilatata)

Straußenfarn (Matteuccia struthiopteris)

Königsfarn (Osmunda regalis)

Bienen-Kugeldistel

Echinops sphaerocephalus (Korbblütler)

- 50–200 cm hohe Staude
- Kugelige Blütenkörbe anfänglich blau, später silbergrau bis weiß
- Blütezeit Juni–August

Standort und Boden

Helle, warme Standorte mit kalk- und nährstoffreichem Boden sind die Idealvoraussetzungen für die Kugeldistel, wo sie schnell zu ihrer beeindruckenden Größe heranwächst.

Vermehrung

Vermehrt sich selbst über Samen. Gezielte Vermehrung möglich durch Aussaat im Frühjahr, Stockteilung im Herbst oder Wurzelschnittlinge im Frühjahr.

Wissenswertes

Nutzen für die Tierwelt: Wertvolle Bienenweide. Zu den auffälligsten Blütenbesuchern gehören Schmetterlinge, aber auch Bienen, Hummeln und Schwebfliegen nutzen das Nektar- und Pollenangebot. Für Gartenhummeln, Steinhummeln und Ackerhummeln gehören die Disteln sogar zu den Haupttrachtpflanzen. Den Pollen sammeln eine Blattschneiderbienenart, zwei Furchenbienenarten und drei auf Korbblütlerpollen spezialisierte Sandbienenarten.

Passende Partner

Echter Eibisch *(Althaea officinalis)*; Osterluzei *(Aristolochia clematitis)*; Echter Spargel *(Asparagus officinalis)*; Thüringer Strauchpappel *(Lavatera thuringiaca)*; Herzgespann *(Leonurus cardiacus)*; Eselsdistel *(Onopordum acanthium)*; Echtes Seifenkraut *(Saponaria officinalis)*; Mehlige Königskerze *(Verbascum lychnitis)*.

Weitere heimische oder eingebürgerte Kugeldistel-Arten:

Hohe Kugeldistel (Echinops exaltatus)

Ruthenische Kugeldistel (Echinops ritro)

Bienen-Kugeldistel, knospig (Echinops sphaerocephalus)

Schmalblättriges Weidenröschen

Epilobium angustifolium (Nachtkerzengewächs)

- 80–150 cm hohe Staude
- Blätter wechselständig, lineal-lanzettlich, unterseits etwas blaugrün
- Krone purpurn
- Blütezeit Juni–August

Standort und Boden

Helle Plätze mit frischem, mäßig nährstoffreichem Boden bieten die idealen Bedingungen für das Weidenröschen, doch kommt die anspruchslose Art auch mit abweichenden Voraussetzungen gut zurecht. Durch die Ausbildung der Rhizome ein wichtiger Bodenfestiger. Offene, ungeschützte Flächen wie Kahlschläge werden durch die Bildung Tausender flugfähiger Samen schnell besiedelt und gefestigt.

Vermehrung

Vermehrt sich selbst über flugfähige Samen. Gezielte Vermehrung am einfachsten durch Aussaat nach der Fruchtreife oder Wurzelsprossteilung im Frühjahr.

Wissenswertes

Geschichte: Der deutsche Botaniker Christian Konrad SPRENGEL entdeckte im Jahr 1790 am Weidenröschen die Fremdbestäubung.

Wildgemüse: Junge Blätter und Triebspitzen können im Frühsommer roh in Salaten genossen werden. Sie schmecken knackig, aber ohne viel Eigengeschmack und sollten mit geschmacksintensiven Kräutern kombiniert werden. Gekocht werden die Blätter wie Kohl und die süßlichen Wurzeln bzw. jungen Triebe wie Spargel zubereitet. Die Blätter werden in Russland massenhaft als Tee geerntet und kommen als «Kurilischer Tee» oder «Ivan-Tee» in den Handel.

Arzneipflanze: Die Droge wird in der Volksheilkunde bei gutartiger Prostatavergrößerung und den damit verbundenen Beschwerden verwendet.

Nutzen für die Tierwelt: Gute Bienenweide. Der Pollen soll einen besonders aromatischen Honig ergeben. Die größte Nektarmenge wird zwischen 18 Uhr abends und 6 Uhr morgens abgesondert, der höchste Zuckergehalt ist aber zwischen 10 Uhr und 14 Uhr erreicht. Da sich die Bienen scheinbar nach dem Zuckergehalt richten, ist der regste Blütenbesuch am Mittag zu beobachten.

Passende Partner

Breitblättrige Glockenblume *(Campanula latifolia)*; Kletten-Distel *(Carduus personata)*; Verschiedenblättrige Kratzdistel *(Cirsium heterophyllum)*; Berg-Flockenblume (*Cyanus montanus*); Roter Fingerhut *(Digitalis purpurea)*; Alpen-Milchlattich *(Lactuca alpina)*; Himmelsleiter *(Polemonium caeruleum)*; Großblütige Königskerze *(Verbascum densiflorum)*.

Weitere heimische Weidenröschen-Arten:

Quirlblättriges Weidenröschen (Epilobium alpestre)

Rosmarin-Weidenröschen (Epilobium dodonaei)

Zottiges Weidenröschen (Epilobium hirsutum)

Zypressen-Wolfsmilch

Euphorbia cyparissias (Wolfsmilchgewächs)

- 10–40 cm hohe Staude mit langen, unterirdischen Ausläufern
- Blätter schmal lineal, wechselständig
- Blütenstand grüngelb, oft rötlich oder orange überlaufen
- Blütezeit Mai–Juni

Standort und Boden

Liebt sonnige, trockene und nährstoffarme Plätze und eignet sich besonders für Magerwiesen und Sandrasen.

Vermehrung

Vermehrt sich selbst über Samen. Gezielte Vermehrung am einfachsten durch Abtrennen der unterirdischen Ausläufer in der gesamten Vegetationsperiode. Stecklingsvermehrung ist im Frühling möglich. Vorsicht vor dem giftigen Milchsaft! Aussaat von März bis Juni.

Wissenswertes

Name: Der botanische Gattungsname dürfte auf König Juba II. von Mauretanien (50 v. d. Z. – 23 n. d. Z.) zurückgehen. Dieser benannte die Wolfsmilch nach seinem Leibarzt Euphorbos, einem Bruder des Antonius Musa, dem Leibarzt von Kaiser Augustus. Die Entlehnung aus dem altgriechischen «euphorbia» (= gute Nahrung) ist sehr unwahrscheinlich, denn keine der Arten ist genießbar.

Arzneipflanze: Homöopathische Zubereitungen finden bei akuten Hauterkrankungen Anwendung.
Nutzen für die Tierwelt: Ausschließliche Futterpflanze des Zypressenwolfsmilch-Glasflüglers *(Chamaesphecia empiformis)*, in Mitteleuropa ausschließlicher Wirt des Wolfsmilchschwärmers *(Hyles euphorbiae)* und gemeinsam mit anderen *Euphorbia*-Arten Futterpflanze unter anderem von Wolfsmilch-Rindeneule *(Acronicta euphorbiae)* und Wolfsmilch-Ringelspinner *(Malacosoma castrensis)*. Die wenig auffallenden Blütenstände werden in erster Linie von Fliegen, Schwebfliegen und Schmetterlingen besucht. Der für sie bequem erreichbare Nektar wird von Drüsen abgeschieden, die sich am Rand des Blütenbechers befinden. Naschen die

Tiere von dem süßen Saft, müssen sie in den jüngeren Blütenständen die Narben, in den älteren die Staubbeutel berühren und führen so die Fremdbestäubung durch. Zu den Blütengästen zählen gut 25 Schwebfliegenarten.

Passende Partner

Großes Windröschen *(Anemone sylvestris)*; Kartäuser-Nelke *(Dianthus carthusianorum)*; Bunte Schwertlilie *(Iris variegata)*; Klebriger Lein *(Linum viscosum)*; Dolden-Milchstern *(Ornithogalum umbellatum)*; Wiesen-Salbei *(Salvia pratensis)*; Hügel-Klee *(Trifolium alpestre)*; Großer Ehrenpreis *(Veronica teucrium)*.

Weitere heimische Wolfsmilch-Arten:

Mandelblättrige Wolfsmilch (Euphorbia amygdaloides)

Österreicher-Wolfsmilch (Euphorbia austriaca)

Vielfarbige Wolfsmilch (Euphorbia polychroma)

Echtes Scharbockskraut

Ficaria verna (Hahnenfußgewächs) (Syn. *Ranunculus ficaria*)

- 5–10 cm hohe Staude
- Bildet im zeitigen Frühjahr prächtige glänzend grüne Teppiche, danach leuchtend gelbe Blütensterne
- Nach der Blüte mit Brutknöllchen in den Blattachseln
- Blütezeit März–April

Standort und Boden

Auwälder, die im Frühjahr vor dem Laubaustrieb noch hell und später im Jahr beschattet sind, besiedelt das Scharbockskraut am liebsten. Für solche oder ähnliche Standorte mit feuchten, nährstoffreichen Böden eignet sich die Art auch im Garten. Die zeitig im Frühjahr erscheinenden Blatttepiche des Scharbockskrautes schützen den Boden vor Sonneneinstrahlung und Erosion. Ende Mai, wenn auch die anderen Pflanzen ihre Blätter ausbreiten, ist das Scharbockskraut oberflächig wieder verschwunden und macht Platz für andere Gartenpflanzen.

Vermehrung

Vermehrt sich selbst über Brutknöllchen. Gezielte Vermehrung am einfachsten durch Absammeln dieser Brutknöllchen, im Volksmund auch Himmelsgerste genannt, oder Stockteilung.

Wissenswertes

Name: Scharbockskraut geht auf die Verwendung der jungen, vitaminreichen Blätter gegen den Skorbut, früher auch Scharbock genannt, einer Vitaminmangelerkrankung, zurück.

Wildgemüse: Vor der Blüte gesammelt, ergeben die Blätter einen erfrischenden Salat. Gekocht werden sie zu Gemüseeintöpfen oder Spinat verarbeitet. Als Vorrat getrocknet oder eingesalzen bleiben sie lange haltbar. Die eingesalzenen Blütenknospen dienen als Kapernersatz. Nach der Blüte steigt der Alkaloidgehalt in der Pflanze und es wurde schon von Durchfall nach dem Genuss von alten Blättern berichtet.

Nutzen für die Tierwelt: Blütenstaub und reichlich Nektar dienen als Nahrung für viele Blütengäste im zeitigen Frühjahr. Honigbienen, Fliegen, Sandbienen, Furchenbienen, Wollschweber, Käfer und die Rote Mauerbiene gehören zu den Nutznießern des Hahnenfußgewächses.

Passende Partner

Christophskraut *(Actaea spicata)*; Gefleckter Aronstab *(Arum maculatum)*; Haselwurz *(Asarum europaeum)*; Hohlknolliger Lerchensporn *(Corydalis cava)*; Wald-Goldstern *(Gagea lutea)*; Goldnessel *(Lamiastrum montanum)*; Türkenbund-Lilie *(Lilium martagon)*; Wald-Schlüsselblume *(Primula elatior)*.

Weitere heimische Hahnenfuß-Verwandte:

Nacktstängeliges Scharbockskraut (Ficaria calthifolia)

Gold-Hahnenfuß (Ranunculus auricomus agg)

Zungen-Hahnenfuß (Ranunculus lingua)

Echtes Mädesüß

Filipendula ulmaria (Rosengewächs)

- 50–150 cm hohe Staude
- Grundblätter mit 2–6 Fiederpaaren
- Fünf Kronblätter, cremeweiß, 2–5 mm lang
- Blütezeit Juni–August

Standort und Boden

Feuchte bis nasse, nährstoffarme Böden und sonnige Standorte sind die idealen Voraussetzungen für das Mädesüß. Teichufer und Feuchtwiesen im Garten bekommen dank ihr eine duftende Note und eine gewisse Natürlichkeit.

Vermehrung

Vermehrt sich selbst über Samen. Gezielte Vermehrung am einfachsten durch Stockteilung im Frühjahr vor dem Austrieb oder Stecklinge, die nach dem Austrieb geschnitten werden.

Wissenswertes

Name: Das deutsche Wort entstammt dem Gebrauch der Pflanze zum Süßen von Met und Bier. Aus der Metsüße wurde im Laufe der Zeit das Mädesüß. Aber nicht nur Getränke aromatisierte das Rosengewächs, ganze Wiesen duften süßlich nach der Mahd dieser Staude und so erscheint eine Namensherleitung von der Mahdsüße als ebenfalls wahrscheinlich.

Wildgemüse: Alles vom Mädesüß ist in der Küche verwendbar, von der Wurzel bis zur Blüte. Letztere dient erstrangig zum Würzen von Getränken und Süßspeisen. Mädesüßblüten sind ein gesunder Zuckerersatz für Getränke. Die jungen Blätter können zu Gemüsegerichten oder Salaten verarbeitet werden. Sie haben einen orangenartigen Geruch und einen süß-bitteren Geschmack.

Räucherpflanze: Muffige Räume mit abgestandener Luft lassen sich mit Mädesüß aufgrund seines süß-herben Duftes auffrischen. Das Kraut kann direkt in die betreffenden Räume gestreut werden oder aber als Duftpotpourris zum Einsatz kommen. Zum Räuchern werden die getrockneten, voll erblühten Blütenstände verwendet.

Färberpflanze: Mit Mädesüß lässt sich Kleidung je nach Anwendung rosa, grün, gelblich oder bräunlich färben. Schottische Tartans werden

teilweise immer noch mithilfe der Pflanze gefärbt.

Nutzen für die Tierwelt: Wertvolle Pollenpflanze für Insekten. Dass Honigbienen den Geruch der Mädesüß-Blüten als angenehm empfinden, wird auch daraus ersichtlich, dass Imker damit ihre Bienenstöcke ausrieben, um die Schwärme zum Einzug zu bewegen. Futterpflanze für mehrere Schmetterlingsarten wie dem Mädesüß-Perlmuttfalter *(Brenthis ino)* und dem Schönbären *(Callimorpha dominula)*.

Passende Partner

Echte Betonie *(Betonica officinalis)*; Bach-Kratzdistel *(Cirsium rivulare)*; Zottiges Weidenröschen *(Epilobium hirsutum)*; Sumpf-Storchschnabel *(Geranium palustre)*; Echter Gilbweiderich *(Lysimachia vulgaris)*; Blutweiderich *(Lythrum salicaria)*; Schlangen-Knöterich *(Persicaria bistorta)*; Sumpf-Ziest *(Stachys palustris)*.

Weitere heimische, nahe verwandte Arten:

Knolliges Mädesüß (Filipendula vulgaris)

Kriechende Spiere (Spiraea decumbens)

Weidenblättrige Spiere (Spiraea salicifolia)

Wald-Erdbeere

Fragaria vesca (Rosengewächs)

- 5–20 cm hohe Staude mit langen Ausläufern
- Blätter 3-fach geteilt, gezähnt
- Kronblätter weiß, 5–6 mm lang
- Sammelfrucht rot
- Blütezeit April–Mai

Standort und Boden

Helle bis halbschattige Standorte und frische, mäßig nährstoffreiche Böden sind die Idealbedingungen für die anspruchslose Wald-Erdbeere, einem hervorragenden, immergrünen Bodendecker mit vielen Vorzügen gegenüber fremdländischen Arten.

Vermehrung

Vermehrt sich selbst über Ausläufer und Samen, die als Nüsschen auf den Früchten sitzen. Gezielte Vermehrung am einfachsten durch Abtrennen der bewurzelten Ausläufer.

Wissenswertes

Wildgemüse: Als Wildgemüse können die jungen Blätter zu Salat verarbeitet werden, ältere Blätter sind zur Teegetränkzubereitung verwendbar. Die essbaren Blüten schmücken Tellerränder und Desserts. Die allseits bekannten Erdbeerfrüchte eignen sich als Naschobst.

Arzneipflanze: Wald-Erdbeeren wirken leicht entzündungshemmend, diätetisch, appetitanregend, reinigend und harntreibend. Blätter ins Badewasser gegeben, helfen bei empfindlicher und entzündeter Haut. Außerdem werden die Blätter in der Volksheilkunde bei leichten Durchfallerkrankungen und zum Gurgeln bei entzündeten Mundschleimhäuten genutzt. Der berühmte schwedische Botaniker Carl von LINNÉ soll sich durch eine Wald-Erdbeeren-Teekur von der Gicht befreit haben. Die Beeren, die botanisch gesehen keine Beeren, sondern Sammelfrüchte sind, wirken antibakteriell. Enthaltene Catechine binden im Organismus Schwermetalle. Die Früchte enthalten so viel Vitamin C, dass 150 Gramm den Tagesbedarf decken. Darüber hinaus sind sie reich an Folsäure, Kalzium, Magnesium und Eisen.

Nutzen für die Tierwelt: Futterpflanze unter anderem für die Raupen des Würfeldickkopffalters *(Pyrgus malvae)*, Wegerich-Erdeule *(Diarsia rubi)*, Brombeerspinners *(Macrothylacia rubi)* und Buschhalden-Blattspanners *(Chloroclysta citrata)*. Viele Bienenarten nutzen den Pollen. Die süßen Früchte schmecken nicht nur uns Menschen, sondern auch anderen Säugetieren wie Rotfuchs, Dachs, Igel, Eichhörnchen, Spitzmaus oder Siebenschläfer. Vögel wie Amsel, Hausrotschwanz, Drossel, Mönchsgrasmücke oder Rotkehlchen lieben Erdbeeren genauso wie Ameisen, die sie mit in ihren Bau nehmen und so zur Verbreitung beitragen.

Passende Partner

Echte Bergminze *(Clinopodium nepeta)*; Wald-Habichtskraut *(Hieracium murorum)*; Berg-Johanniskraut *(Hypericum montanum)*; Wald-Vergissmeinnicht *(Myosotis sylvatica)*; Großes Wintergrün *(Pyrola rotundifolia)*; Edel-Gamander *(Teucrium chamaedrys)*; Gamander-Ehrenpreis *(Veronica chamaedrys)*; Wald-Veilchen *(Viola reichenbachiana)*.

Weitere heimische Erdbeer-Arten:

Moschus-Erdbeere (Fragaria moschata)

Hügel-Erdbeere (Fragaria viridis)

Echtes Labkraut

Galium verum (Rötegewächs)

- 30–100 cm hohe Staude mit Ausläufer treibendem Stängel
- Blätter nadelförmig, wirtelig angeordnet
- Blütezeit Mai–August

Standort und Boden

Früher wuchs das Echte Labkraut in vielen Wiesen. Durch die Intensivierung der Landwirtschaft ist es gegenwärtig auf ungedüngte Magerwiesen zurückgedrängt worden. Gärten und öffentliche Grünflächen können da einen gewissen Ausgleich schaffen und der Art ein Refugium bieten.

Vermehrung

Vermehrt sich selbst über Samen. Gezielte Vermehrung am einfachsten durch Aussaat im Frühjahr oder Teilung nach der Blüte.

Wissenswertes

Arzneipflanze: In der Volksmedizin wird das Kraut etwa bei geschwollenen Knöcheln und Katarrhen der Harnwege angewendet.
Nutzen für die Tierwelt: Wertvoller Nektar- und Pollenspender, besonders für Furchen- und Keulhornbiene, Schwebfliegen, Grabwespen und Honigbiene. Raupen-Futterpflanze von Kleinem Weinschwärmers *(Deilephila porcellus)*; Taubenschwänzchen, *(Macroglossum stellatarum)*; Labkrautschwärmer *(Hyles galii)*; Labkrautbär *(Watsonarctia casta)* und Fleckenbär *(Chelis maculosa)*. Auch der Labkraut-Blattkäfer und die Sichelfleckbaumwanze bevorzugen das Labkraut.

Passende Partner

Wiesen-Schafgarbe *(Achillea millefolium)*; Ährige Glockenblume *(Campanula spicata)*; Echte Eberwurz *(Carlina vulgaris)*; Kartäuser-Nelke *(Dianthus carthusianorum)*; Sichelmöhre *(Falcaria vulgaris)*; Weiden-Alant *(Inula salicina)*; Labkraut-Sommerwurz *(Orobanche caryophyllacea)*; Große Brunelle *(Prunella grandiflora)*.

Weitere heimische, nahe verwandte Arten:

Weißes Labkraut (Galium album)

Nordisches Labkraut (Galium boreale)

Waldmeister (Galium odoratum)

Wiesen-Storchschnabel

Geranium pratense (Storchschnabelgewächs)

- 30–60 cm hohe Staude
- Blattspreiten bis 15 cm breit, tief in 7 Lappen geteilt
- Krone lilablau
- Blütezeit Mai–August

Standort und Boden

Helle und warme Standorte mit frischem, kalk- und nährstoffreichem Boden sind die Idealbedingungen für den Wiesen-Storchschnabel. Durch seine Mahdverträglichkeit eignet er sich besonders für Blumenwiesen.

Vermehrung

Vermehrt sich selbst über Samen. Gezielte Vermehrung am einfachsten durch Aussaat direkt nach der Samenreife. Die Ernte ist etwas mühsam, weil die Samen bei Vollreife aus den Früchten geschleudert werden.

Wissenswertes

Nutzen für die Tierwelt: Wertvoller Nektar- und Pollenspender. Neben Honigbienen und Hummeln gehören Wildbienen wie Mauerbienen, Sandbienen, Scherenbienen, Furchenbienen und Maskenbienen zu den häufigsten Gästen. Aurorafalter, Tagpfauenauge, Veilchen-Perlmuttfalter, Ockergelber Dickkopffalter, Schwarzkolbiger Dickkopffalter und Schwarzbrauner Bläuling, auch Storchschnabelbläuling genannt, können beobachtet werden. Der Wiesen-Storchschnabel ist

Futterpflanze unter anderem für die Raupen des Brombeerspinners *(Macrothylacia rubi)*, der Goldbraunen Hauhecheleule *(Pyrrhia umbra)*, des Storchschnabelbläulings *(Aricia eumedon)* und des Schönbärs *(Callimorpha dominula)*.

Passende Partner

Ross-Lauch *(Allium oleraceum)*; Knäuel-Glockenblume *(Campanula glomerata)*; Wiesen-Margerite *(Leucanthemum vulgare)*; Wiesen-Salbei *(Salvia pratensis)*; Bunte Kronwicke *(Securigera varia)*; Rote Waldnelke *(Silene dioica)*; Schwarze Königskerze *(Verbascum nigrum)*; Feld-Stiefmütterchen *(Viola tricolor)*.

Weitere heimische Storchschnabel-Arten:

Brauner Storchschnabel (Geranium phaeum)

Blut-Storchschnabel (Geranium sanguineum)

Wald-Storchschnabel (Geranium sylvaticum)

Bach-Nelkenwurz

Geum rivale (Rosengewächs)

- 20–60 cm hohe Staude mit kurzem Wurzelstock
- Grundständige Blätter gefiedert
- Blüten nickend, Kelch kupferbraun, Kronblätter rosa bis gelblich
- Blütezeit April–Juni

Standort und Boden

Sonnig bis halbschattig, nährstoffarm bis mäßig nährstoffreich, da ist die Bach-Nelkenwurz ganz anspruchslos – Hauptsache, feucht oder nass ist der Platz, der im Garten für sie angedacht ist. Eignet sich mit den immergrünen Blattrosetten unter anderem zum Abdecken von Folienrändern am Teichufer.

Vermehrung

Vermehrt sich selbst über Samen. Gezielte Vermehrung am einfachsten durch Aussaat gleich nach der Samenreife oder Stockteilung im Frühjahr oder nach der Blüte.

Wissenswertes

Nutzen für die Tierwelt: Als Blütengäste stellen sich vorrangig Königinnen und Arbeiterinnen der Dunklen Erdhummel, Steinhummel, Wiesenhummel, Baumhummel, Waldhummel und Ackerhummel ein. Vor allem die Dunkle Erdhummel versucht bereits die Blütenknospen von außen anzusaugen. Selbst nach dem Öffnen der Blüten erntet sie mit dieser Einbruchstechnik oft weiterhin den Nektar, ohne ihren Honiggenuss mit dem von der Natur gewollten Bestäubungsdienst zu entgelten. Futterpflanze für die Raupen des Labkraut-Haarbüschelspanners *(Eulithis pyraliata)* und des Alpen-Würfeldickkopffalters *(Pyrgus cacaliae)*.

Passende Partner

Borstige Glockenblume *(Campanula cervicaria)*; Sumpf-Wolfsmilch *(Euphorbia palustris)*; Lungen-Enzian *(Gentiana pneumonanthe)*; Sumpf-Gladiole *(Gladiolus palustris)*; Sibirische Schwertlilie *(Iris sibirica)*; Sumpf-Vergissmeinnicht *(Myosotis scorpioides)*; Mehl-Primel *(Primula farinosa)*; Tarant *(Swertia perennis)*.

Weitere heimische Nelkenwurz-Arten:

Aleppo-Nelkenwurz (Geum aleppicum)

Berg-Nelkenwurz (Geum montanum)

Stadt-Nelkenwurz (Geum urbanum)

Schaftdolde

Hacquetia epipactis (Doldenblütler)

- 8–20 cm hoch
- Blätter alle grundständig, 3- bis 5-schnittig, lang gestielt
- Blattstiel dreikantig
- Hüllblätter grün, auffallend, 5–6, vorne stumpf, gesägt bis gekerbt
- Blütezeit März–Mai

Standort und Boden

Schattige bis halbschattige Plätze, an denen sie ungestört Jahrzehnte lang ihre prächtigen gelb-grünen Dolden zeigen darf, sind der ideale Standort für die Schaftdolde. Ist der Boden dann noch frisch und kalkhaltig, bleibt sie ein treuer Untermieter des Gartens.

Vermehrung

Vermehrt sich selbst über Samen. Gezielte Vermehrung am einfachsten durch Teilung oder Aussaat direkt nach der Samenreife. Auf Standortwechsel und ständige Eingriffe reagiert die Schaftdolde empfindlich. Sie liebt einen Platz, an dem sie Jahre oder Jahrzehnte lang ungestört sein kann. Dort bildet sie dann herrliche Teppiche aus.

Wissenswertes

Nutzen für die Tierwelt: Vom Pollen profitieren vor allem Fliegen, Schwebfliegen und Käfer. Gelegentlich kann man auch Bienen, Hummeln und Schmetterlinge an den Blüten antreffen.

Passende Partner

Dreiblättchen-Windröschen *(Anemone trifolia)*; Siebenblättrige Zahnwurz *(Cardamine heptaphylla)*; Alpen-Elfenblume *(Epimedium alpinum)*; Hundszahnlilie *(Erythronium dens-canis)*; Schneerose *(Helleborus niger)*; Leberblümchen *(Hepatica nobilis)*; Frühlings-Nabelnüsschen *(Omphalodes verna)*; Schaftlose Schlüsselblume *(Primula vulgaris)*.

Efeu

Hedera helix (Araliengewächs)

- Kletterstrauch, bodendeckend oder bis 20 m hoch
- Stamm dicht mit Haftwurzeln besetzt
- Blätter oberseits dunkelgrün, glänzend, Blätter der nicht blühenden Triebe unterschiedlich denen der blühenden Triebe
- Krone gelbgrün
- Blütezeit August – Oktober

Standort und Boden

Halbschatten bis Schatten und frische Böden sind die besten Voraussetzungen für den Efeu. Dort lässt er sich vor allem als Kletterpflanze zum Begrünen von Mauern, alten Bäumen oder Fassaden einsetzen oder als Bodendecker. Durch seine intensive Wurzelbildung ein wertvolles Gehölz zur Böschungsbefestigung.

Vermehrung

Vermehrt sich selbst über Ausläufer und Samen. Gezielte Vermehrung am einfachsten durch Abtrennen von bewurzelten Ausläufern. Aussaat ist im Frühjahr einfach, Kopf- und Teilstecklinge die gesamte Vegetationsperiode über.

Wissenswertes

Name: Der deutsche Name Efeu geht auf das althochdeutsche «ebihouwi» zurück, was so viel wie «Heu» bedeutet. Efeu war abgebrüht als Winterviehfutter eine wichtige Nutzpflanze.
Waschpflanze: In einer Waschbrühe aus den saponinreichen Efeublättern lassen sich dunkelfarbene Textilien aus Seide oder Taft schonend und farbauffrischend reinigen.
Färberpflanze: Auszüge aus jungen Trieben und Efeublüten färben Wolle braungelb und die Haare dunkler.
Biologischer Pflanzenschutz: Efeutee hilft gegen Schorf. Dazu werden die Efeublätter klein geschnitten und mit heißem Regenwasser aufgegossen. Einen Tag lässt man das Ganze ziehen, bevor es verdünnt und vorbeugend über die Pflanzen aufgebracht wird.
Arzneipflanze: Efeu wird bei Katarrhen der Atemwege und bei chronisch-entzündlichen Bronchialerkrankungen eingesetzt. Zahlreiche Fertigpräparate sind auf dem Markt.
Nutzen für die Tierwelt: Durch seine späte Blüte im Herbst ist Efeu eine wichtige Insektennährpflanze. Admiral, Tagpfauenauge, C-Falter, Taubenschwänzchen und einige andere nutzen die Blüten als Nektarquelle. Wertvolles Vogel-Nistgehölz und Vogelnährgehölz. 14 heimische Vogelarten, darunter Amsel, Misteldrossel, Rotkehlchen, Grasmücke und Sprosser nutzen die Früchte.

Passende Partner

Haselwurz *(Asarum europaeum)*; Kriechende Gamswurz *(Doronicum pardalianches)*; Wald-Habichtskraut *(Hieracium murorum)*; Frühlings-Platterbse *(Lathyrus vernus)*; Frühlings-Nabelnüsschen *(Omphalodes verna)*; Efeu-Sommerwurz *(Orobanche hederae)*; Knotiger Beinwell *(Symphytum tuberosum)*; Waldsteinie *(Waldsteinia ternata)*.

Stinkende Nieswurz

Helleborus foetidus (Hahnenfußgewächs)

- 30–50 cm hohe Staude
- Stängel beblättert, vielblütig
- Blätter 7- bis 9-teilig, immergrün, kahl
- Blüten hängend, Perigon grün, meist purpurn berandet
- Blütezeit März–April

Standort und Boden

Halbschattige, warme Standorte und nährstoffreiche, kalkhaltige Böden sind die Idealvoraussetzungen für die Ansiedelung der Stinkenden Nieswurz. Staudenbeete ohne Vliesabdeckung und wärmebegünstigte Gehölzränder sind die geeigneten Plätze im Garten.

Vermehrung

Vermehrt sich selbst über Samen. Gezielte Vermehrung am einfachsten durch Aussaat gleich nach der Samenreife im Mai/Juni. Die Keimung erfolgt in der Regel erst im nächsten Frühling.

Wissenswertes

Geschichte: Zwei ganz unterschiedliche Pflanzen wurden von den Alten *Helleborus* genannt: Der Germer als *helleborus candidus* und die Nieswurz als *helleborus niger*. Beide Arten enthalten in ihrem Rhizom Niesreiz erregende Stoffe, die noch heute offiziell eingesetzt werden. In der antiken Säftelehre galt das Niesen als bestes Mittel gegen den Wahnsinn und andere psychische Krankheiten. Man glaubte, dass während des Niesens das Tor zur Anderswelt geöffnet ist, und musste diese Zeit mit einem Segensspruch entschärfen. Ein Brauch, der sich mit dem Wort Gesundheit bis heute gehalten hat.

Nutzen für die Tierwelt: Die teilweise Zersetzung des Nektars durch Hefekulturen führt in den Blüten der Ruch-Nieswurz zu Temperaturen, die bis zu 6 °C über denen der Umgebung liegen. Diese Wärmestuben locken Hummeln und Bienen an. Durch die frühe Blütezeit eine wertvolle Nektarpflanze für Insekten. Honigbienen und aus der Winterstarre erwachte Hummelköniginnen stellen sich als zuverlässige Bestäuber ein.

Passende Partner

Echte Felsenbirne *(Amelanchier ovalis)*; Purpurblauer Steinsame *(Buglossoides purpurocaerulea)*; Mandelblättrige Wolfsmilch *(Euphorbia amygdaloides)*; Moschus-Erdbeere *(Fragaria moschata)*; Bunte Platterbse *(Lathyrus venetus)*; Hain-Wachtelweizen *(Melampyrum nemorosum)*; Echte Pfingstrose *(Paeonia officinalis)*; Schwarzer Germer *(Veratrum nigrum)*.

Weitere heimische Helleborus-Arten:

Hecken-Nieswurz (Helleborus dumetorum)

Schneerose (Helleborus niger)

Grüne Nieswurz (Helleborus viridis)

Nickender Milchstern

Honorius nutans (Amaryllisgewächs)

- 15–50 cm hohe Staude mit unterirdischer Zwiebel als Speicherorgan
- Blätter breit lanzettlich, zur Blütezeit noch vorhanden
- Blütenstand einseitswendig, 3- bis 12-blütig
- Perigonblätter weiß, mit grünem Mittelstreif
- Blütezeit April–Mai

nutzen den Milchsternpollen als Nahrung.

Passende Partner

Breitblättrige Glockenblume *(Campanula latifolia)*; Wald-Goldstern *(Gagea lutea)*; Langhaariger Gundermann *(Glechoma hirsuta)*; Grüne Nieswurz *(Helleborus viridis)*; Ähren-Rapunzel *(Phyteuma spicatum)*; Breitblättriges Salomonssiegel *(Polygonatum latifolium)*; Wiesen-Schlüsselblume *(Primula veris)*; Schwarzer Germer *(Veratrum nigrum)*.

Standort und Boden

Helle bis halbschattige, warme Standorte und mäßig nährstoffreiche Böden bevorzugt der Nickende Milchstern, der in Mitteleuropa zwar nicht urheimisch ist, sich hier aber eingebürgert hat und unaufdringlich Parkanlagen und Kulturlandschaften schmückt.

Vermehrung

Vermehrt sich selbst über Samen, die durch Ameisen verbreitet werden, und Brutzwiebeln. Gezielte Vermehrung am einfachsten durch Aussaat oder Abtrennen von Brutzwiebeln, die nach der Blüte gebildet und im Sommer geerntet werden. Die Zwiebeln liegen sehr tief (20–30 cm tief).

Wissenswertes

Nutzen für die Tierwelt: Vor allem Schwebfliegen, Honigbienen und mehrere Sand- und Furchenbienenarten

Weitere heimische und eingebürgerte Milchstern-Arten:

Grüner Milchstern (Honorius boucheanus)

Pyrenäen-Milchstern (Loncomelos pyrenaicus)

Dolden-Milchstern (Ornithogalum umbellatum)

Echtes Johanniskraut

Hypericum perforatum (Johanniskrautgewächs)

- 20–80 cm hohe Staude, bis 50 cm tief wurzelnd
- Blätter eiförmig bis schmal länglich, durchscheinend punktiert
- Krone gelb
- Blütezeit Juni–August

Standort und Boden

Helle, warme Standorte und nährstoffarme Böden liebt das Johanniskraut. Es verträgt eine einmalige Mahd im Jahr und wird von Weidetieren gemieden.

Vermehrung

Vermehrt sich selbst über Samen. Gezielte Vermehrung am einfachsten durch Teilung im Frühjahr oder Aussaat der winzigen Samen im Herbst.

Wissenswertes

Wildgemüse: Die Blätter und weichen Triebe werden als Schwarztee-Ersatz verwendet. Die Blüten geben eine hübsche, essbare Tellerdekoration ab.

Färberpflanze: Johanniskrauttriebe und -blüten färben Wolle gelblich.

Arzneipflanze: Johanniskraut gibt es heute in zahlreichen Fertigpräparaten, die zur kurmäßigen Behandlung von vorübergehenden depressiven Störungen angeboten werden. Neuerdings wurden bei Neurodermitis Erfolge mit einer Creme gesehen, die hyperforinreichen Johanniskraut-Extrakt enthält. Johanniskraut war die Lieblingspflanze von Paracelsus. Er nannte die Blume ein «Arcanum, ein Universalmittel mit höchster Kraft, eine Sonnenpflanze, die Sonne und Licht in verzweifelte Herzen bringt».

Nutzen für die Tierwelt: Wertvolle Pollenpflanze für Insekten. Der Pollen steht am Vormittag zwischen 6 und 12 Uhr mit einer Bestzeit frühmorgens um 6 Uhr zur Verfügung. Dutzende Insektenarten zählen zu den regelmäßigen Besuchern der Johanniskrautblüten. Futterpflanze unter anderem für die Raupen von Johanniskrauteule *(Actinotia polyodon)*, Trockenrasen-Johanniskrauteule *(Actinotia radiosa)*, Blassem Johanniskrautgrauspanner *(Aplocera efformata)*, Großem Johanniskrautgrauspanner *(Aplocera praeformata)*, Weißem Johanniskrautkleinspanner *(Scopula nemoraria)* und Weißem Johanniskrautspanner *(Siona lineata)*.

Passende Partner

Echter Odermennig *(Agrimonia eupatoria)*; Echtes Leinkraut *(Linaria vulgaris)*; Bisam-Malve *(Malva moschata)*; Echter Dost *(Origanum vulgare)*; Aufrechtes Fingerkraut *(Potentilla recta)*; Quirl-Salbei *(Salvia verticillata)*; Arznei-Thymian *(Thymus pulegioides)*; Feld-Stiefmütterchen *(Viola tricolor)*.

Weitere heimische Johanniskraut-Arten:

Bärtiges Johanniskraut (Hypericum barbatum)

Behaartes Johanniskraut (Hypericum hirsutum)

Geflecktes Johanniskraut (Hypericum maculatum)

Rauer Alant

Inula hirta (Korbblütler)

- 15–50 cm hohe Staude
- Stängel und Blätter dicht behaart
- Blätter schmal elliptisch
- Blütezeit Mai–Juni

nen, Honigbienen, Blattschneiderbienen, Tagpfauenauge, Kleiner Fuchs, Großes Ochsenauge, Damenbrett, Kaisermantel, Rostfarbiger Dickkopffalter und Ockergelber Braundickkopffalter ein.

Passende Partner

Frühlings-Adonisröschen *(Adonis vernalis)*; Berg-Kronwicke *(Coronilla coronata)*; Diptam *(Dictamnus albus)*; Blut-Storchschnabel *(Geranium sanguineum)*; Schopfige Traubenhyazinthe *(Muscari comosum)*; Echte Kuhschelle *(Pulsatilla vulgaris)*; Hain-Salbei *(Salvia nemorosa)*; Violette Königskerze *(Verbascum phoeniceum)*.

Standort und Boden

Halbtrockenrasen und Kiesrasen sind die bevorzugten Lebensgemeinschaften für den Rauen Alant, der sonnige, warme Standorte und trockene, nährstoffarme und kalkreiche Böden liebt. Diese Biotope zählen zu den artenreichsten und damit wertvollsten Gesellschaften der Heimat, egal ob in freier Natur oder im Garten.

Vermehrung

Vermehrt sich selbst über Samen. Gezielte Vermehrung am einfachsten durch Teilung nach der Blüte oder Aussaat im Frühling. Stecklingsvermehrung ist im Frühling möglich.

Wissenswertes

Nutzen für die Tierwelt: Alante sind wertvolle Pollenspender für Insekten. Als Blütengäste stellen sich regelmäßig Seidenbienen, Löcherbienen, Furchenbie-

Weitere heimische Alant-Arten:

Wiesen-Alant (Inula britannica)

Schwert-Alant (Inula ensifolia)

Deutscher Alant (Inula germanica)

Sibirische Schwertlilie

Iris sibirica (Schwertliliengewächs)

- 50–100 cm hohe Staude
- Lange, schmale, etwas bläulich grüne Blätter
- Äußere Perigonblätter 4–5 cm lang, weißlich mit violettblauen Adern, gegen den Grund gelb, innen nicht bärtig, die inneren Perigonblätter violettblau
- Blütezeit Mai–Juni

Wissenswertes

Name: *Iris* als botanischer Gattungsname ist altgriechischer Herkunft, bedeutet Regenbogen und beschreibt damit die Farbenpracht der Blüten. Der Artbeiname nennt einen Teil des Verbreitungsgebietes.

Nutzen für die Tierwelt: Als Bestäuber kommen in erster Linie Hummeln und Pelzbienen in Frage. Auf der Suche nach Nektar lassen sich die Tiere zunächst auf einem der großen Blütenhüllblätter nieder, um sich dann unter den darüber stehenden Griffelast zu zwängen. Irisblüten mit schmalem Engpass werden von Schwebfliegen besucht.

Standort und Boden

Sumpfwiesen und andere nasse Standorte besiedelt die Sibirische Schwertlilie an heimischen Naturstandorten. Im Garten kommt sie auch in frischen Böden gut zurecht, denn hier wird meist eine weniger feuchtigkeitsbedürftige Sippe aus den Karstlandschaften Südosteuropas verwendet. Sonnige, warme und nährstoffarme Böden mögen beide.

Vermehrung

Vermehrt sich selbst über Samen. Gezielte Vermehrung am einfachsten durch Rhizomteilung im Hochsommer.

Passende Partner

Sumpf-Schafgarbe *(Achillea ptarmica)*; Pracht-Nelke *(Dianthus superbus)*; Perlhuhn-Schachbrettblume *(Fritillaria meleagris)*; Lungen-Enzian *(Gentiana pneumonanthe)*; Sumpf-Gladiole *(Gladiolus palustris)*; Strauß-Gilbweiderich *(Lysimachia thyrsiflora)*; Mehl-Primel *(Primula farinosa)*; Langblättriger Ehrenpreis *(Veronica maritima)*.

Weitere heimische Schwertlilien-Arten:

Deutsche Schwertlilie (Iris (×) germanica)

Grasblättrige Schwertlilie (Iris graminea)

Sand-Schwertlilie (Iris humilis)

Goldnessel

Lamiastrum montanum (Lippenblütler)

- 15–50 cm hohe, nach der Blüte Ausläufer bildende Staude
- 9–15 goldgelbe Blüten pro Quirl
- Blütezeit April–Juni

Standort und Boden

Schattige bis halbschattige Standorte und frische, nährstoffreiche Böden sind die richtigen Bedingungen für die Goldnessel. Das hübsche Laub ziert beschattete Böden und festigt diese durch die Ausläufer, weshalb sie gerne auch auf rutschgefährdeten Böschungen eingesetzt wird.

Vermehrung

Vermehrt sich selbst über Ausläufer und Samen, die aufgrund ihres nahrhaften Anhängsels gerne von Ameisen vertragen werden. Gezielte Vermehrung am einfachsten durch Abtrennen der bewurzelten Ausläufer im Spätsommer.

Wissenswertes

Wildgemüse: Die jungen Sprosse und Blätter können zu Salaten, Gemüsegerichten oder Spinat verarbeitet werden. Die süßen Blüten eignen sich für Dessertgerichte, aber auch zur Dekoration von Salaten und Frischkäse.

Nutzen für die Tierwelt: Die Goldnessel gehört zu den wertvollen Nektarpflanzen. Ihre Unterlippe bildet ein Anflug- und Sitzbrett, die Blütenzeichnung einen Wegweiser zum Nektar. Arbeiterinnen und Königinnen der Gartenhummel und Königinnen der Ackerhummel erreichen aufgrund ihres langen Rüssels den Nektar. Als Pollenquelle nutzen Pelzbienen, Sandbienen und Mauerbienen die Blüten.

Passende Partner

Kriechender Günsel *(Ajuga reptans)*; Große Sterndolde *(Astrantia major)*; Nessel-Glockenblume *(Campanula trachelium)*; Schwalbenwurz-Enzian *(Gentiana asclepiadea)*; Hecken-Nieswurz *(Helleborus dumetorum)*; Türkenbund Lilie *(Lilium martagon)*; Ähren-Rapunzel *(Phyteuma spicatum)*; Klebriger Salbei *(Salvia glutinosa)*.

Weitere heimische Taubnessel-Arten:

Weiße Taubnessel (Lamium album)

Gefleckte Taubnessel (Lamium maculatum)

Nesselkönig (Lamium orvala)

Breitblättrige Platterbse

Lathyrus latifolius (Schmetterlingsblütler)

- 50–200 cm lange Staude mit langen, verzweigten Bodenausläufern und niederliegenden bis aufsteigenden Sprossen
- Stängel geflügelt
- Krone purpurn
- Blütezeit Juni–August

Standort und Boden

Helle, warme Standorte und mäßig trockene bis frische, kalkreiche und nährstoffarme Böden sind die idealen Bedingungen für die Breitblättrige Platterbse. Sie wächst aber auch in sauren, recht nährstoffreichen Böden – so etwa in unserem eigenen ungezähmten Garten. Durch die unterirdischen Ausläufer festigt die Breitblatt-Platterbse das Erdreich.

Vermehrung

Vermehrt sich selbst über Samen. Gezielte Vermehrung am einfachsten durch Aussaat im Frühling oder Abtrennen der bewurzelten Ausläufer.

Wissenswertes

Pflege: Ein Rückschnitt nach der ersten Blüte fördert die Nachblüte.

Nutzen für die Tierwelt: Um an den Nektar der sperrigen Blüten zu gelangen, ist Kraft und eine gewisse Größe notwendig, weshalb vor allem Hummeln die Blüten besuchen. Vorrangig sind das Ackerhummeln, Gartenhummeln und Kuckuckshummeln, aber auch die großen Holzbienen, Mörtelbienen oder der Zitronenfalter können als Blütengäste beobachtet werden.

Passende Partner

Trionfettis Flockenblume *(Cyanus triumfettii)*; Diptam *(Dictamnus albus)*; Deutscher Backenklee *(Dorycnium germanicum)*; Duftender Schöterich *(Erysimum odoratum)*; Sichelmöhre *(Falcaria vulgaris)*; Blut-Storchschnabel *(Geranium sanguineum)*; Thüringer Strauchpappel *(Lavatera thuringiaca)*; Gelber Lein *(Linum flavum)*; Bart-Wachtelweizen *(Melampyrum barbatum)*; Knollen-Brandkraut *(Phlomis tuberosa)*.

Weitere heimische Platterbsen-Arten:

Gelbe Platterbse (Lathyrus laevigatus)

Wiesen-Platterbse (Lathyrus pratensis)

Schwarze Platterbse (Lathyrus niger)

Wiesen-Margerite

Leucanthemum vulgare (Korbblütler)

- 20–60 cm hohe Staude
- Blätter eiförmig-spatelig, lang gestielt, gekerbt
- Körbchenförmige Blüten mit einem Durchmesser von 4–6 cm
- Hüllblätter dunkel berandet
- Blütezeit Mai–August

Standort und Boden

Helle Orte mit mäßig nährstoffarmen und mäßig trockenen bis frischen Böden mag die Wiesen-Margerite am liebsten.

Vermehrung

Vermehrt sich selbst über Samen. Gezielte Vermehrung am einfachsten durch Aussaat im Sommer.

Wissenswertes

Wildgemüse: Die jungen Blätter schmecken vor der Blüte zart, mit wenig Eigengeschmack. Die Blütenknospen erinnern geschmacklich an Zucchini und sind besonders in Öl ausgebacken empfehlenswert.

Nutzen für die Tierwelt: Als Raupen-Futterpflanze nutzt der Hellgraue Fleckleibbär *(Diaphora mendica)* die Margerite. Am Nektar sind viele interessiert, so Randring-Perlmuttfalter, Braunfleckiger Perlmuttfalter, Bunter Dickkopffalter, Gemeines Wiesenvögelchen, Violetter Feuerfalter, Großer Feuerfalter, Lilagold-Feuerfalter, Argus-Bläuling und Akazien-Zipfelfalter.

Passende Partner

Wiesen-Schafgarbe *(Achillea millefolium)*; Wiesen-Glockenblume *(Campanula patula)*; Kartäuser-Nelke *(Dianthus carthusianorum)*; Feld-Witwenblume *(Knautia arvensis)*; Wiesen-Hornklee *(Lotus corniculatus)*; Kugel-Rapunzel *(Phyteuma orbiculare)*; Wiesen-Salbei *(Salvia pratensis)*; Wiesen-Bocksbart *(Tragopogon pratensis)*.

Weitere heimische Margeriten-Arten:

Schwarzrandige Margerite (Leucanthemum atratum)

Verschiedenblättrige Margerite (Leucanthemum heterophyllum)

Sibirische Margerite (Leucanthemum ircutianum)

Frühlings-Knotenblume

Leucojum vernum (Amaryllisgewächs)

- 10–25 cm hohe Staude mit unterirdischer Zwiebel
- Blätter schmal, sattgrün, fleischig
- Blüte duftend, weiß, mit gelben Saftmalen
- Blütezeit Februar–März

Standort und Boden

Vorrangig Auwälder und feuchte Wiesen besiedelt die Frühlings-Knotenblume am Naturstandort. Im Garten nimmt sie auch gerne moosreiche, extensiv gepflegte Rasen oder Streuobstwiesen an.

Vermehrung

Vermehrt sich selbst über Samen. Gezielte Vermehrung am einfachsten durch Abnehmen von Brutzwiebeln. Die Zwiebeln liegen etwa 20 cm tief im Erdreich, müssen immer feucht gehalten werden und reagieren empfindlich gegen längere Trockenheit. Aussaat ist möglich, dabei werden die ganzen Samenkapseln zum Schutze vor Ameisen in die Erde gedrückt. Trocken gelagertes Saatgut benötigt in der Regel ein Jahr länger zum Keimen.

Wissenswertes

Pflege: Die Frühlings-Knotenblume bildet hübsche Gruppen, selten größere Bestände. Die Blätter ziehen im Juni ein. Wiesen mit Frühlings-Knotenblumen-Beständen sollten erst dann gemäht werden.
Name: Der botanische Gattungsname ist aus den altgriechischen Wörtern «leukos» (= weiß) und «ion» (= Veilchen) zusammengesetzt und bezeichnete ursprünglich mehrere andere Pflanzen wie etwa die Levkoje, deren deutscher Name noch heute «Weißes Veilchen» bedeutet. Mit der deutschen Benennung ist der auffällige, unter der Blüte hervortretende unterständige Fruchtknoten gemeint. Auch Märzenbecher oder Märzglöckchen genannt.
Nutzen für die Tierwelt: Als Gäste der Frühlings-Knotenblume stellen sich wegen der frühen Blütezeit vor allem Honigbienen ein, gelegentlich auch einige im Falterstadium überwinterte Schmetterlinge wie Tagpfauenauge, Zitronenfalter oder Kleiner Fuchs. Aufgrund der recht bescheidenen Nektarproduktion sind die Pflanzen in erster Linie als frühzeitiger Pollenlieferant wertvoll.

Passende Partner

Busch-Windröschen *(Anemone nemorosa)*; Ausläufer-Zahnwurz *(Cardamine glanduligera)*; Hohlknolliger Lerchensporn *(Corydalis cava)*; Illyrischer Krokus *(Crocus exiguus)*; Gelbe Narzisse *(Narcissus pseudonarcissus;)* Wald-Schlüsselblume *(Primula elatior)*; Steirisches Lungenkraut *(Pulmonaria stiriaca)*; Walderbsen-Wicke *(Vicia oroboides)*.

Weitere heimische, nahe verwandte Arten:

Sommer-Knotenblume (Leucojum aestivum)

Schneeglöckchen (Galanthus nivalis)

Österreicher Lein

Linum austriacum (Leingewächs)

- 30–80 cm hohe Staude
- Blätter lineal-lanzettlich
- Blaue Kronblätter, die sich an den Rändern überdecken, die Blüten sind meist nur vormittags geöffnet
- Blütezeit Mai–Juni

Standort und Boden

Sonnig, warm, trocken, kalkreich und nährstoffarm, so kann man die Lieblingsbedingungen des Österreicher-Leins zusammenfassen. Lückige Blumenwiesen und trockene Böschungen gehören zu den geeigneten Biotopen.

Vermehrung

Vermehrt sich selbst über Samen. Gezielte Vermehrung am einfachsten durch Aussaat nach der Fruchtreife oder im Frühling.

Wissenswertes

Name: Der botanische Gattungsname entstammt dem lateinischen «linea» (= Linie, Strich, leinerner Faden) und soll auf die 8000 Jahre alte Kultur des Leins hinweisen.

Nutzen für die Tierwelt: Wertvolle Insektennährpflanze, so für Wildbienen, Honigbienen, Hummeln, Tagfalter, Blattkäfer und Bockkäfer.

Passende Partner

Berg-Steinkraut *(Alyssum montanum)*; Großes Windröschen *(Anemone sylvestris)*; Berg-Aster *(Aster amellus)*; Zittergras *(Briza media)*; Nickende Distel *(Carduus nutans)*; Regensburger Zwergginster *(Chamaecytisus ratisbonensis)*; Ginster-Leinkraut *(Linaria genistifolia)*; Rote Schwarzwurz *(Scorzonera purpurea)*; Violette Königskerze *(Verbascum phoeniceum)*; Großer Ehrenpreis *(Veronica teucrium)*.

Weitere heimische Lein-Arten:

Alpen-Lein (Linum alpinum)

Gelber Lein (Linum flavum)

Klebriger Lein (Linum viscosum)

Wilde Mondviole

Lunaria rediviva (Kreuzblütler)

- 30–140 cm hohe Staude
- Stängel besonders am Grund mit abstehenden Haaren
- Alle Blätter gestielt, untere Blätter groß, herzförmig, unregelmäßig gezähnt, obere Blätter eilanzettlich
- Kronblätter hellllila bis fast weiß, 12–20 mm lang
- Frucht länglich elliptisch, durchscheinend, spitz
- Blütezeit Mai–Juni

Standort und Boden

Au- und Schluchtwälder sind die bevorzugten Gesellschaften der Wilden Nachtviole am heimatlichen Naturstandort. Auch im Garten liebt der Kreuzblütler Schatten bis Halbschatten, frische bis feuchte, nährstoffreiche Böden und luftfeuchte Plätze.

Vermehrung

Vermehrt sich selbst über Samen. Gezielte Vermehrung am einfachsten durch Stockteilung im Spätsommer oder Herbst. Aussaat ist im Frühling empfehlenswert. Trocken aufbewahrt, bleiben die Samen etwa vier Jahre lang keimfähig.

Wissenswertes

Name: Der botanische Gattungsname ist vom lateinischen «lunaris» (= mondähnlich) abgeleitet und bezieht sich auf die pergamentartigen silbrig-schimmernden Fruchtwände, die ähnlich dem Glanz und den Phasen von Voll- und Halbmond sein sollen.

Nutzen für die Tierwelt: Besonders Schmetterlinge nutzen das reichliche Nektarangebot des Stauden-Silberlings. Der Aurorafalter *(Anthocharis cardamines)* und der Grünader-Weißling *(Pieris napi)* nutzen die Blüten als Nektarquelle und das Kraut als Futterpflanze für ihre Raupen.

Passende Partner

Rispiger Eisenhut *(Aconitum degenii)*; Wald-Geißbart *(Aruncus dioicus)*; Nessel-Glockenblume *(Campanula trachelium)*; Berg-Kratzdistel *(Cirsium montanum)*; Echter Wurmfarn *(Dryopteris filix-mas)*; Großes Springkraut *(Impatiens noli-tangere)*; Türkenbund-Lilie *(Lilium martagon)*; Wald-Bingelkraut *(Mercurialis perennis)*; Ähren-Rapunzel *(Phyteuma spicatum)*; Platanenblättriger Hahnenfuß *(Ranunculus platanifolius)*.

Schneeweiße Hainsimse

Luzula nivea (Sauergras)

- 20–50 cm hohe Staude
- Blätter schmal, sattgrün, fleischig
- Blütezeit Juni–Juli

Standort und Boden

Mag halbschattige, warme Standorte und frische, saure, nährstoffarme Böden. Eignet sich so beispielsweise für den Saum von Koniferengruppen. Durch ihre weißen Blütenstände macht die Art dunkle Gartenecken heller und freundlicher.

Vermehrung

Vermehrt sich selbst über Samen. Gezielte Vermehrung am einfachsten durch Stockteilung im Frühjahr oder Spätsommer. Aussaat ist im Frühling empfehlenswert, pikiert wird büschelweise.

Wissenswertes

Pflege: Ein Rückschnitt im Frühjahr ist, anders als bei den meisten Gräsern, nicht notwendig.

Nutzen für die Tierwelt: Hummeln und Käfer nutzen den Pollen, Ameisen lieben das fettreiche Anhängsel der Samen und sorgen so auch für deren Ausbreitung.

Passende Partner

Großblättrige Schafgarbe *(Achillea macrophylla)*; Kleine Sterndolde *(Astrantia minor)*; Roter Fingerhut *(Digitalis purpurea)*; Schwalbenwurz-Enzian *(Gentiana asclepiadea)*; Knotiger Storchschnabel *(Geranium nodosum)*; Striemensame *(Molopospermum peloponnesiacum)*; Betonienblättrige Rapunzel *(Phyteuma betonicifolium)*; Quirl-Weißwurz *(Polygonatum verticillatum)*; Eisenhutblättriger Hahnenfuß *(Ranunculus aconitifolius)*; Salbei-Gamander *(Teucrium scorodonia)*.

Weitere heimische Hainsimsen-Arten:

Weißliche Hainsimse (Luzlula luzuloides)

Vielblütige Hainsimse (Luzula multiflora)

Wald-Hainsimse (Luzula sylvatica)

Pfennigkraut

Lysimachia nummularia (Myrsinengewächs)

- 1–5 cm hohe, bis 70 cm lange, niederliegende, immergrüne Staude
- Blätter gegenständig, eiförmig-rundlich
- Kronblätter 9–16 mm lang, leuchtend gelb
- Blütezeit Juni–Juli

Standort und Boden

Helle bis schattige, warme Standorte und frische bis nasse Böden liebt das Pfennigkraut. Es ist so anspruchslos, dass es sogar im Aquarium unter Wasser zurechtkommt. Im Garten eignet es sich beispielsweise als Bodendecker und zur Abdeckung von Folienrändern am Teich. Verträgt stark wechselnde Feuchtigkeit gut und ist durch seinen bodenanliegenden Wuchs mahdverträglich, wenn man nicht ganz tief mäht.

Vermehrung

Vermehrt sich selbst über Ausläufer. Gezielte Vermehrung am einfachsten durch Teilung im Frühjahr oder im Hochsommer. Stecklingsvermehrung ist die gesamte Vegetationsperiode über möglich, jedes Stängelglied wurzelt willig an. Samenvermehrung ist kaum möglich, weil die Art fast immer fruchtsteril ist.

Wissenswertes

Wildgemüse: Blätter und Blüten, die roh leicht bitter schmecken, können zu Gemüse oder Tee verarbeitet werden.
Arzneipflanze: Pfennigkraut wird vor allem in der anthroposophischen Therapierichtung bei akuten und chronischen Ekzemen im Kindesalter eingesetzt.
Nutzen für die Tierwelt: Wertvolle Insektennährpflanze, insbesondere für Hummeln und Bienen. Zwei Schenkelbienenarten *(Macropis fulvipes* und *M. labiata)* haben sich auf die Gattung Gilbweiderich, zu der diese Art gehört, spezialisiert. Die unterirdisch angelegten Brutzellen der beiden Arten enthalten ein bis drei aus Pollen und Blumenöl geformte Futterballen, die mit einer wachsähnlichen, wasserabweisenden Substanz versiegelt sind.

Passende Partner

Kriech-Günsel *(Ajuga reptans)*; Bergwiesen-Frauenmantel *(Alchemilla monticola)*; Dunkel-Storchschnabel *(Geranium phaeum)*; Mauer-Gipskraut *(Gypsophila muralis)*; Flammen-Hahnenfuß *(Ranunculus flammula)*; Echt-Helmkraut *(Scutellaria galericulata)*; Gamander-Ehrenpreis *(Veronica chamaedrys)*.

Weitere heimische Gilbweiderich-Arten:

Hain-Gilbweiderich (Lysimachia nemorum)

Punktierter Gilbweiderich (Lysimachia punctata)

Echter Gilbweiderich (Lysimachia vulgaris)

Blut-Weiderich

Lythrum salicaria (Blutweiderichgewächs)

- ☞ 50–120 cm hohe Staude
- ☞ Wurzelstock verholzt
- ☞ Stängel 4-kantig, am Grund oft verholzt
- ☞ Blätter kreuzweise gegenständig, sich im Herbst rot färbend
- ☞ Krone purpurn
- ☞ Samen mit Schleimhaaren (Klebeverbreitung)
- ☞ Blütezeit Juni–September

Standort und Boden
Helle und warme Standorte und feuchte bis nasse, nährstoffreiche Böden mag der Blut-Weiderich. Er ist salztolerant und mahdertragend.

Vermehrung
Vermehrt sich selbst über Samen und Rhizome. Letztere wachsen im Jahr um die 20 cm. Gezielte Vermehrung am einfachsten durch Aussaat im Frühling. Stecklingsvermehrung ist ebenfalls im Frühling möglich. Eine Teilung des verholzten Wurzelstockes ist meist nicht möglich.

Wissenswertes
Wildgemüse: Die jungen Sprosse, Blätter und die hellbraunen Wurzeln können als Kochgemüse verwendet werden.
Färberpflanze: Die Blüten färben Süßwaren, die gerbstoffreichen Wurzeln dienen als Glanzspülung für dunkles Haar.
Arzneipflanze: Vor allem in Westeuropa ist das Kraut ein viel verwendetes Mittel gegen Durchfallerkrankungen und wird dort in der Volksheilkunde auch bei akuten und chronischen Entzündungen der Magen- und Darmschleimhaut eingesetzt.
Nutzen für die Tierwelt: Blut-Weiderich ist Futterpflanze unter anderem für den Mittleren Weinschwärmer *(Deilephila elpenor)*, Weidenröschen-Blattspanner *(Ecliptopera silaceata)* und Faulbaumbläuling *(Celastrina argiolus)*. Wertvoller Pollen- und Nektarspender. Den meisten Nektar sondert der Blutweiderich zwischen 10 und 14 Uhr ab, wobei sich der Zuckergehalt bei gleichbleibender Nektarmenge steigert. Der Nektar ist erreichbar für Honigbiene, Erdhummel, Ackerhummel, Waldhummel und Blattschneiderbiene. Pollen sammeln Pelzbiene, Furchenbiene, Mauerbiene, Sägehornbiene und Langhornbiene. Die Sägehornbiene *(Melitta nigricans)* und die Langhornbiene *(Tetralonia salicariae)* sind auf den Blut-Weiderich spezialisiert.

Passende Partner
Nickender Zweizahn *(Bidens cernua)*; Zottiges Weidenröschen *(Epilobium hirsutum)*; Echtes Mädesüß *(Filipendula ulmaria)*; Sumpf-Storchschnabel *(Geranium palustre)*; Echter Gilbweiderich *(Lysimachia vulgaris)*; Ross-Minze *(Mentha longifolia)*; Sumpf-Vergissmeinnicht *(Myosotis scorpioides)*; Sumpf-Ziest *(Stachys palustris)*.

Gelbe Narzisse

Narcissus pseuodonarcissus (Amaryllisgewächs)

- 15–60 cm hohe Staude mit unterirdischer Zwiebel
- Blätter 10–50 cm lang, 0,5–1,5 cm breit
- Blütenröhre leuchtend gelb 1,5–2,5 cm lang
- Blütezeit März–April

Blütenröhre dagegen kurz ist. Um an den im Grunde der Blüte liegenden Nektar zu gelangen, müssen die Hummeln tief in die Blüte kriechen, wobei sie die Bestäubung vollziehen.

Passende Partner

Festknolliger Lerchensporn *(Corydalis solida)*; Bart-Nelke *(Dianthus barbatus)*; Wiesen-Goldstern *(Gagea pratensis)*; Grüne Nieswurz *(Helleborus viridis)*; Berg-Platterbse *(Lathyrus linifolius)*; Punktierter Gilbweiderich *(Lysimachia punctata)*; Bisam-Malve *(Malva moschata)*; Dolden-Milchstern *(Ornithogalum umbellatum)*.

Standort und Boden

Helle Standorte und frische, kalk- und nährstoffarme Böden sind die besten Voraussetzungen für die Gelbe Narzisse, wo sie sich gerne auch verselbstständigt und den Frühling einläutet. Wühlmausresistent.

Vermehrung

Vermehrt sich selbst über Samen und Brutzwiebeln. Gezielte Vermehrung am einfachsten durch Abnehmen von Brutzwiebeln im Juni, wenn das Laub zu vergilben beginnt. Aussaat ist direkt nach der Samenreife möglich, bis zur ersten Blüte vergehen aber ein paar Jahre.

Wissenswertes

Nutzen für die Tierwelt: Die Gelb-Narzisse ist eine typische Hummelblume, da die Nebenkrone groß, die

Weiter heimische Narzissen-Arten:

Dichter-Narzisse (Narcissus poeticus)

Stern-Narzisse (Narcissus radiiflorus)

Lauch-Scheibenschötchen

Peltaria alliacea (Kreuzblütler)

- 40–60 cm hohe Staude, beim Zerreiben mit Lauchgeruch
- Blätter kahl, blaugrün
- Stängelblätter eilanzettlich, mit herzpfeilförmigem Grund, stängelumfassend sitzend
- Kronblätter weiß, 3–4 mm lang, etwa doppelt so lang wie die Kelchblätter
- Frucht fast kreisrund, 7–10 mm im Durchmesser
- Blütezeit Mai–Juli

Standort und Boden

Einen schmalen Streifen vom Pindus-Gebirge bis in die Ostalpen besiedelt das Scheibenschötchen, und obwohl es anspruchslos ist und reichlich Samen bildet, vergrößert sich dieses Verbreitungsgebiet nicht. Eines der vielen Rätsel der Natur. Der Kreuzblütler liebt helle Standorte und frische, kalk- und nährstoffreiche Böden.

Vermehrung

Vermehrt sich selbst über Samen. Gezielte Vermehrung am einfachsten durch Aussaat im Frühling.

Wissenswertes

Name: Der botanische Gattungsname ist altgriechisch, bedeutet kleiner Schild und leitet sich gleich der deutschen Benennung von der Form der Früchte ab. Der lateinische Artbeiname beschreibt den Lauchgeruch, den die Pflanze beim Zerreiben abgibt.

Wildgemüse: Blätter und Blüten schmecken roh nach Knoblauch, Kresse und Kohlrabi und lassen sich vielseitig in der Küche verwenden. Die immergrünen Blätter können auch im Winter geerntet werden.

Pflege: Nach der Blüte verliert die Pflanze meist die Blätter. Ein Komplettrückschnitt regt den erneuten Austrieb an, wodurch die Pflanze fast das ganze Jahr über genutzt werden kann.

Nutzen für die Tierwelt: Vor allem Schmetterlinge wie die verschiedenen Weißlinge und der Aurorafalter nutzen die Blüten als Nahrungsquelle.

Passende Partner

Echte Akelei *(Aquilegia vulgaris)*; Knäuel-Glockenblume *(Campanula glomerata)*; Berg-Flockenblume *(Cyanus montanus)*; Feuerlilie *(Lilium bulbiferum)*; Quirl-Salbei *(Salvia verticillata)*; Deutscher Ziest *(Stachys germanica)*; Akeleiblättrige Wiesenraute *(Thalictrum aquilegifolium)*; Feld-Stiefmütterchen *(Viola tricolor)*.

Weitere heimische, nahe verwandte-Arten:

Echtes Löffelkraut (Cochlearia officinalis)

Echter Meerkohl (Crambe maritima)

Breitblättrige Kresse (Lepidium latifolium)

Blasenkirsche

Physalis alkekengi (Nachtschattengewächs)

- 20–60 cm hohe Staude
- Blätter eiförmig, zugespitzt
- Blüte weiß; Kelch zur Fruchtzeit lampionartig aufgeblasen
- Frucht und reifer Kelch auffallend orangerot
- Blütezeit Mai–August

Standort und Boden

Halbschattige, warme Standorte und frische, kalk- und nährstoffreiche Böden sind die idealen Voraussetzungen für die Blasenkirsche. Unter solchen kann sie in kurzer Zeit große Teile des Gartens in Anspruch nehmen.

Vermehrung

Vermehrt sich selbst über Ausläufer und Samen. Gezielte Vermehrung am einfachsten durch Abtrennen der bewurzelten Ausläufer. Auch eine Aussaat im Frühling ist einfach, wobei die Jungpflanzen noch im gleichen Jahr blühen und Früchte ansetzen.

Wissenswertes

Wildobst: Blasenkirschenfrüchte sind schmackhaft und nicht ganz so sauer wie die viel kultivierte Kapstachelbeere, auch Andenbeere genannt. Trotzdem stehen sie im Ruf, giftig zu sein, und werden deshalb kaum gegessen. Wie bei den meisten Nachtschattengewächsen, so etwa den Tomaten, muss die Frucht reif und kräftig orange sein, erst dann ist die Blasenkirsche genussfertig. Blasenkirschenfrüchte können zu Saft, Marmelade oder Trockenfrüchten verarbeitet werden.

Arzneipflanze: Die Art wurde in das neue Homöopathische Arzneibuch übernommen. Man verwendet Zubereitungen der frischen, reifen Früchte unter anderem bei Nierensteinleiden.

Nutzen für die Tierwelt: Wertvolle Nahrungspflanze für heimische Vögel und Säugetiere. Besonders Igel mögen die Früchte.

Passende Partner

Kriechender Günsel *(Ajuga reptans)*; Tollkirsche *(Atropa belladonna)*; Kriechende Gamswurz *(Doronicum pardalianches)*; Bunter Hohlzahn *(Galeopsis speciosa)*; Brauner Storchschnabel *(Geranium phaeum)*; Gefleckte Taubnessel *(Lamium maculatum)*; Herzgespann *(Leonurus cardiaca)*; Wilde Malve *(Malva sylvestris)*; Frühlings-Scharbockskraut *(Ranunculus ficaria)*; Attich *(Sambucus ebulus)*; Echtes Seifenkraut *(Saponaria officinalis)*; Alpen-Greiskraut *(Senecio cordatus)*; Färberscharte *(Serratula tinctoria)*; Hühnerbiss-Leimkraut *(Silene baccifera)*; Aufrechte Rauke *(Sisymbrium strictissimum)*; Bittersüßer Nachtschatten *(Solanum dulcamara)*; Echter Beinwell *(Symphytum officinale)*.

Weitere heimische, nahe verwandte Arten:

Bittersüßer Nachtschatten (Solanum dulcamara)

Schwarzer Nachtschatten (Solanum nigrum)

Ähren-Rapunzel

Phyteuma spicatum (Glockenblumengewächs)

- 30–80 cm hohe Staude
- Blätter herzförmig
- Krone cremeweiß (subsp. *spicatum*) oder blau (subsp. *coeruleum*)
- Blütezeit Mai–Juni

Standort und Boden

In lichten Wäldern und Wiesen mit frischen Böden ist die Ähren-Rapunzel zu finden und solche Gegebenheiten mag sie auch im Garten am liebsten.

Vermehrung

Vermehrt sich selbst über Samen. Gezielte Vermehrung am einfachsten durch Aussaat im Frühling. Ein Vereinzeln ist wegen der rübenförmigen Wurzeln nur schwer möglich.

Wissenswertes

Wildgemüse: Die Blätter werden im Frühling gesammelt und als Salat oder Spinat gegessen, die leicht scharfen Wurzeln im Herbst roh mit Salz und Essig genossen oder die knospigen Triebe gedünstet und in Butter geschwenkt als «Pfingstspargel» verkostet.

Nutzen für die Tierwelt: Nektarpflanze, unter anderem für den Lilagold-Feuerfalter, aber auch Wildbienen und Hummeln nutzen die Blüten.

Passende Partner

Haselwurz *(Asarum europaeum)*; Pfirsichblättrige Glockenblume *(Campanula persicifolia)*; Waldmeister *(Galium odoratum)*; Wald-Storchschnabel *(Geranium sylvaticum)*; Wald-Habichtskraut *(Hieracium murorum)*; Punktierter Gilbweiderich *(Lysimachia punctata)*; Immenblatt *(Melittis melissophyllum)*; Strauß-Wucherblume *(Tanacetum corymbosum)*.

Weitere heimische Rapunzel-Arten:

Betonienblättrige Rapunzel (Phyteuma betonicifolium)

Rundköpfige Rapunzel (Phyteuma orbiculare)

Hallers Rapunzel (Phyteuma ovatum)

Oranges Habichtskraut

Pilosella aurantiaca (Korbblütler) (Syn. *Hieracium aurantiacum*)

- 20–40 cm hohe Staude mit ober- oder unterirdischen Ausläufern
- Stängel und Blätter dunkel behaart
- Korbstand mit 4–10 Blütenkörben
- Zungenblüten orangegelb bis orangerot
- Blütezeit Juni–August

Standort und Boden

Helle, kühle Standorte und frische, saure, nährstoffarme Böden liebt das Orange Habichtskraut. Es eignet sich unter anderem zur Bepflanzung von Trockenmauern, für Heidegesellschaften und sauren Sandrasen. Die Ausläufer mit den bodenanliegenden Rosetten halten das Erdreich und festigen Trockenmauern.

Vermehrung

Vermehrt sich selbst über Ausläufer und Samen. Gezielte Vermehrung am einfachsten durch das Abtrennen der bewurzelten Ausläufer. Samenvermehrung ist ab Juni möglich. Lichtkeimer.

Wissenswertes

Wildgemüse: Die Blütenknospen können roh, gekocht oder wie Kapern eingelegt und genutzt werden.

Nutzen für die Tierwelt: Pollenspender für Mauer-, Sand-, Furchen-, Blattschneider-, Glanz- und Honigbienen, Hummeln, Fliegen, Schwebfliegen, Käfer und Tagfalter. Zu den typischen Blütenbesuchern gehören Arten wie Zottiger Rosenkäfer, Vierpunktprachtkäfer, Blattfallkäfer, Bockkäfer-Arten, Postillon, Goldene Acht und Kleiner Feuerfalter.

Passende Partner

Wiesen-Schafgarbe *(Achillea millefolium)*; Bergwiesen-Frauenmantel *(Alchemilla monticola)*; Arnika *(Arnica montana)*; Rundblättrige Glockenblume *(Campanula rotundifolia)*; Silberdistel *(Carlina acaulis)*; Echtes Johanniskraut *(Hypericum perforatum)*; Betonienblättrige Rapunzel *(Phyteuma betonicifolium)*; Dickblatt-Mauerpfeffer *(Sedum dasyphyllum)*; Spinnweb-Hauswurz *(Sempervivum arachnoideum)*; Echte Goldrute *(Solidago virgaurea)*; Arznei-Quendel *(Thymus pulegioides)*.

Weitere heimische Habichtskraut-Arten:

Bauhins Habichtskraut (Pilosella bauhini)

Braunes Habichtskraut (Pilosella fusca)

Langhaariges Habichtskraut (Pilosella officinarum)

Himmelsleiter

Polemonium caeruleum (Himmelsleitergewächs)

- ☞ 30–80 cm hohe Staude
- ☞ Blätter wechselständig, unpaarig-gefiedert
- ☞ Krone weit trichterförmig bis ausgebreitet, hellblau bis violettblau, nicht selten auch weiß
- ☞ Blütezeit Juni–August

Standort und Boden

Feuchte Wiesen, Ufergebüsche, Auen und Schuttfluren besiedelt die Himmelsleiter als Naturstandort. Sie kommt aber auch gut mit frischen Böden zurecht und eignet sich daher unter anderem für Staudenbeete ohne Vliesabdeckung.

Vermehrung

Vermehrt sich selbst über Samen. Gezielte Vermehrung am einfachsten durch Aussaat im Frühling. Stockteilung ist im August/September möglich, aber unergiebig. Stecklingsvermehrung ist im Frühling möglich.

Wissenswertes

Pflege: Ein Rückschnitt nach der ersten Blüte erbringt meistens eine Nachblüte, die dann zum Versamen stehen gelassen werden sollte.

Verbreitung: Eurosibirische Art. Ursprüngliche und eingebürgerte Vorkommen sind schwer zu trennen, besonders weil die Himmelsleiter als Mittel gegen die Tollwut und gegen Syphilis häufig kultiviert wurde.

Nutzen für die Tierwelt: Wertvoller Nektar- und Pollenspender, besonders für Bienen, Schmetterlinge, Hummeln und Schwebfliegen.

Passende Partner

Dunkle Akelei *(Aquilegia atrata)*; Nessel-Glockenblume *(Campanula trachelium)*; Großblütiger Fingerhut *(Digitalis grandiflora)*; Brauner Storchschnabel *(Geranium phaeum)*; Echte Nachtviole *(Hesperis matronalis)*; Striemensame *(Molopospermum peloponnesiacum)*; Quirliges Salomonssiegel *(Polygonatum verticillatum)*; Akeleiblättrige Wiesenraute *(Thalictrum aquilegifolium)*.

Hohes Fingerkraut

Potentilla recta (Rosengewächs)

- 20–80 cm hohe Staude mit mehrköpfigem Rhizom
- Blätter 5- bis 7-fach gefingert
- Kronblätter meist hellgelb, selten auch kräftiggelb
- Blütezeit Mai–September

Nektar Wespenbienen und Schwebfliegen. Die Sandbienenart *Andrena potentillae* hat sich beim Pollensammeln auf die Gattung Potentilla spezialisiert.

Passende Partner

Berg-Steinkraut *(Alyssum montanum)*; Berg-Kronwicke *(Coronilla coronata)*; Trionfettis Flockenblume *(Cyanus triumfettii)*; Diptam *(Dictamnus albus)*; Blut-Storchschnabel *(Geranium sanguineum)*; Zwerg-Schwertlilie *(Iris pumila)*; Mehlige Königskerze *(Verbascum lychnitis)*; Großer Ehrenpreis *(Veronica teucrium)*.

Standort und Boden

Trockene, nährstoffarme Böden und sonnige, warme Standorte liebt das Hohe Fingerkraut und gibt durch ihre leuchtenden Blüten besonders Sandrasen eine freundliche Note.

Vermehrung

Vermehrt sich selbst über Samen. Gezielte Vermehrung am einfachsten durch Aussaat gleich nach der Fruchtreife.

Wissenswertes

Nutzen für die Tierwelt: Raupenfutterpflanze des Amboßfleck-Würfeldickkopffalters *(Pyrgus onopordi)*. Den Pollen nutzen vor allem Sandbienen, Furchenbienen und Mauerbienen, den

Weitere heimische Fingerkraut-Arten:

Weißes Fingerkraut (Potentilla alba)

Gänse-Fingerkraut (Potentilla anserina)

Clusius-Fingerkraut (Potentilla clusiana)

Schaftlose Schlüsselblume

Primula vulgaris (Primelgewächs)

- 1–7 cm hohe Staude
- Blätter löffelförmig, sich allmählich in den geflügelten Stiel verschmälernd
- Blüten geruchlos
- Krone hellgelb, mit kräftig-gelber Mitte
- Blütezeit März–April

Standort und Boden

Sobald der Schnee verschwunden ist, öffnet die Schlüsselblume ihre hellgelben Blüten in Wiesen und Wäldern. Egal ob sonnig oder schattig, ob kalkreich oder sauer, sie schmückt verlässlich die heimatliche Landschaft. Besonders gerne stellt sie sich in moosreichen Rasen ein, wo sie mancherorts reichlicher auftritt als das Gras.

Vermehrung

Vermehrt sich selbst über Samen. Gezielte Vermehrung am einfachsten durch Aussaat im Sommer. Rosettenstecklinge, Teilung von Mai bis Juli und Wurzelschnittlinge im September sind möglich.

Wissenswertes

Wildgemüse: Die jungen Blätter und Blüten werden im Frühjahr roh als Salat genossen. Die Blätter können auch gekocht in Gemüsegerichten Verwendung finden.
Arzneipflanze: Aufgrund des hohen Saponingehaltes haben Schlüsselblumenwurzeln eine schleimlösende und auswurffördernde Wirkung und werden vor allem bei Erkrankungen der Atemwege eingesetzt.
Nutzen für die Tierwelt: Primeln zählen zu den typischen Hummelblumen, auch wenn sie gelegentlich von früh im Jahr fliegenden Schmetterlingen wie Kleiner Fuchs und Zitronenfalter besucht werden, die mit ihrem langen Rüssel ebenfalls bis zu den Nektarien am Grund der tiefen Kronröhre vorzudringen vermögen. Den Pollen nutzen Mauer- und Sandbienen. Futterpflanze unter anderem für die Raupen des Schlüsselblumen-Würfelfalters *(Hamearis lucina)*. Die Weibchen legen ihre Eier einzeln oder in kleinen Gruppen auf die Blattunterseite von Schlüsselblumen. Die Raupen fressen ein paar Wochen lang, dann ruhen sie in der Laubstreu der Futterpflanze. Die Verpuppung erfolgt im Juli an der Blattunterseite, doch schlüpfen die Falter erst im Mai des darauffolgenden Jahres. Durch den Rückgang der Schlüsselblumen in der Landschaft sind auch die Bestände dieses Falters stark rückläufig.

Passende Partner

Busch-Windröschen, *(Anemone nemorosa)*; Alpenveilchen, *(Cyclamen purpurascens)*; Mandelblättrige Wolfsmilch, *(Euphorbia amygdaloides)*; Gundermann, *(Glechoma hederacea)*; Grüne Nieswurz, *(Helleborus viridis)*; Leberblümchen, *(Hepatica nobilis)*; Muschelblümchen, *(Isopyrum thalictroides)*; Berg-Goldnessel, *(Lamiastrum montanum)*; Frühlings-Platterbse, *(Lathyrus vernus)*; Pfennigkraut, *(Lysimachia nummularia)*; Stern-Narzisse, *(Narcissus radiiflorus)*; Weißes Fingerkraut, *(Potentilla alba)*; Faden-Ehrenpreis, *(Veronica filiformis)*.

Weitere heimische Schlüsselblumen-Arten:

Mehl-Primel (Primula farinosa)

Aurikel × Leim-Primel (Primula × pubescens)

Wald-Schlüsselblume (Primula elatior)

Gelber Lerchensporn

Pseudofumaria lutea (Erdrauchgewächs)

- 10–30 cm hohe Staude mit verzweigtem Rhizom
- Mehrere beblätterte Stängel
- Blätter 2- bis 3-fach gefiedert, oberseits grasgrün, unterseits bläulich grün
- Blüten gelb, in endständiger, 5- bis 15-blütiger Traube
- Blütezeit Mai–September

Standort und Boden

Helle bis halbschattige, luftfeuchte, warme Standorte und frischen, kalkreichen Untergrund liebt der Gelbe Lerchensporn. In seinem kleinräumigen ursprünglichen Verbreitungsgebiet in den Südalpen findet man ihn deshalb vor allem in Felsgeröllhalden. Er eignet sich auch für die Ritzen von Trockenmauern, solange diese nicht vollsonnig-südseitig liegen.

Vermehrung

Vermehrt sich selbst über Samen. Ameisen helfen bei der Besiedelung von Mauerritzen. Gezielte Vermehrung am einfachsten durch Aussaat gleich nach der Fruchtreife.

Wissenswertes

Nutzen für die Tierwelt: Die Blüten nutzen unter anderem Mauerbienen, Hummeln und Tagfalter.

Passende Partner

Milchweißer Mannsschild *(Androsace lactea)*; Mauerraute *(Asplenium ruta-muraria)*; Braunstieliger Streifenfarn *(Asplenium trichomanes)*; Niedliche Glockenblume *(Campanula cochleariifolia)*; Zimbelkraut *(Cymbalaria muralis)*; Feder-Nelke *(Dianthus plumarius)*; Alpen-Leberbalsam *(Erinus alpinus)*; Felsen-Schöterich *(Erysimum sylvestre)*; Zottiges Habichtskraut *(Hieracium villosum)*; Frühblühender Quendel *(Thymus praecox)*.

Weitere heimische Lerchensporn-Arten:

Hohlknolliger Lerchensporn (Corydalis cava)

Zwerg-Lerchensporn (Corydalis pumila)

Festknolliger Lerchensporn (Corydalis solida)

Weiches Lungenkraut

Pulmonaria mollis (Raublattgewächs)

- 15–40 cm hohe Staude
- Blätter ungefleckt, grauschimmrig
- Grundblätter 40–60 cm lang, eiförmig-lanzettlich, rasch in den Stiel verschmälert
- Blütenstand klebrig, Blüten rot bis blau
- Blütezeit April–Mai

Standort und Boden

Halbschattige und warme Standorte sowie frische und kalkreiche Böden liebt das Weiche Lungenkraut. Es eignet sich zum Anpflanzen in lichten Gehölzgruppen, Gebüschen und Säumen, aber auch für nur einmal im Jahr spät gemähte Wiesen. Die großen Grundblätter schützen den Boden und bieten zahlreichen Tieren eine Zuflucht.

Vermehrung

Vermehrt sich selbst über Samen, die von Ameisen aufgrund des nahrhaften Anhängsels im Garten vertragen werden. Gezielte Vermehrung am einfachsten durch Stockteilung nach der Blüte.

Wissenswertes

Besondere Blüte: Ähnlich wie bei vielen Arten der Raublattgewächse sind die Blüten in der Jugend durch sauren Zellsaft rot gefärbt und färben sich bis zur Vollblüte durch alkalischen Zellsaft blau. Dabei geschieht dieser Vorgang so langsam, dass meist alle Übergangsfarben an einem Individuum

zu sehen sind und dies die Blume zu einer rätselhaft verschiedenartigen Pflanze macht.

Name: *Pulmonaria* ist vom lateinischen «pulmo» (= Lunge) abgeleitet. Schon bei HILDEGARD von Bingen wurde der Name «Lungwurz» für das Echte Lungenkraut *(Pulmonaria officinalis)* verwendet.

Arzneipflanze: Das Echte Lungenkraut *(Pulmonaria officinalis)* hatte früher mehr Bedeutung als Mittel gegen Lungenerkrankungen. Pyrrolizidinalkaloide, die für andere Raublattgewächse nachgewiesen sind, kommen im Lungenkraut nicht vor. Homöopathische Zubereitungen werden bei Bronchitis eingesetzt.

Nutzen für die Tierwelt: Früher Nektar- und Pollenspender, der vor allem von Wildbienen, Hummeln und Schwebfliegen genutzt wird. Eine besondere Beziehung zum Lungenkraut hat die Zweifarbige Mauerbiene. Diese verköstigt sich und ihre Brut vorrangig mit Lungenkraut-Nektar und -Pollen. Auch finden sich Schneckenhäuser, in denen sie ihre Brutzellen baut, meist in der Nähe von Lungenkraut-Stöcken.

Passende Partner

Frauenschuh *(Cypripedium calceolus)*; Alpen-Sockenblume *(Epimedium alpinum)*; Hundszahnlilie *(Erythronium dens-canis)*; Moschus-Erdbeere *(Fragaria moschata)*; Frühlings-Platterbse *(Lathyrus vernus)*; Türkenbund-Lilie *(Lilium martagon)*; Knotiger Beinwell *(Symphytum tuberosum)*; Schwarzer Germer *(Veratrum nigrum)*.

Weitere heimische Lungenkraut-Arten:

Schmalblättriges Lungenkraut (Pulmonaria angustifolia)

Südliches Lungenkraut (Pulmonaria australis)

Echtes Lungenkraut (Pulmonaria officinalis)

Echte Kuhschelle

Pulsatilla vulgaris (Hahnenfußgewächs)

- 10–20 cm hohe Staude
- Blätter fiederschnittig, behaart
- Krone violett
- Blütezeit März–April

Standort und Boden

Steppenrasen und Steingärten sind die idealen Plätze im Garten, denn die Kuhschelle liebt helle, warme, trockene, kalkreiche und nährstoffarme Standorte.

Vermehrung

Vermehrt sich selbst über Samen. Gezielte Vermehrung am einfachsten durch Aussaat nach der Fruchtreife. Als Kaltkeimer müssen die Samen zuvor für etwa drei Wochen in den Kühlschrank, damit sich die keimungshemmenden Stoffe zersetzen. Wurzelschnittlingsvermehrung ist im November/Dezember möglich. Stockteilung ist nach der Blüte möglich.

Wissenswertes

Name: *Pulsatilla* ist vom lateinischen «pulsare» (= schlagen, stoßen) abgeleitet und soll auf die glockenförmigen Blüten vieler Arten hinweisen. Die heute im Deutschen geläufigen Benennungen «Kuhschelle» und «Küchenschelle» leiten sich wahrscheinlich von «Kückenschale» ab, in Anspielung auf die sich öffnenden Blütenknospen. Eine Vermischung mit der Glocke (Schelle) und die Verbindung zur Kuhglocke führten zur gegenwärtigen Bezeichnung.
Arzneipflanze: Homöopathische Verdünnungen finden bei Verstimmungszuständen, Entzündungen der Atemwege, Krampfaderleiden, Verdauungsschwäche, rheumatischen Beschwerden oder Hautkrankheiten Anwendung.
Nutzen für die Tierwelt: Durch ihre frühe Blütezeit eine wertvolle Nahrungspflanze für die Insektenwelt. Vor allem Hummeln, Honig-, Mauer- und Furchenbienen finden sich als Blütengäste ein. Doch auch Kleiner Fuchs und Zitronenfalter wissen die Kuhschelle als frühe Nektarquelle zu schätzen.

Passende Partner

Frühlings-Adonisröschen *(Adonis vernalis)*; Berg-Steinkraut *(Alyssum montanum)*; Regensburger Zwergginster *(Chamaecytisus ratisbonensis)*; Diptam *(Dictamnus albus)*; Goldschopf *(Galatella linosyris)*; Rauer Alant *(Inula hirta)*; Pracht-Königskerze *(Verbascum speciosum)*; Großer Ehrenpreis *(Veronica teucrium)*.

Weitere heimische Kuhschellen-Arten:

Große Kuhschelle (Pulsatilla grandis)

Berg-Kuhschelle (Pulsatilla montana)

Frühlings-Kuhschelle (Pulsatilla vernalis)

Klebriger Salbei

Salvia glutinosa (Lippenblütler)

- 40–90 cm hohe Staude, besonders im Blütenstand drüsig-klebrig
- Blattspreite mit spießförmigem Grund
- Scheinquirle 2- bis 6-blütig
- Krone 3–4 cm lang, hellgelb
- Unterlippe rotbraun gezeichnet
- Blütezeit Juli – September

und Unterlippe ist für die behäbigen Insekten als Einschlupf wie maßgeschneidert, während die Unterlippe eine bequeme Landeplattform für die anfliegenden Blütenbesucher bildet. Den Nektar nutzen langrüsselige Schmetterlinge wie Schwalbenschwanz, Aurorafalter, Veilchen-Perlmuttfalter, Heufalter, Senfweißling, Taubenschwänzchen, Skabiosenschwärmer, Hummelschwärmer und Weinschwärmer. Raupen-Futterpflanze für die Wasserdost-Goldeule *(Diachrysia chryson)* und die Messingeule *(Diachrysia chrysitis)*.

Standort und Boden

Wenig bekannt und doch prächtig ist diese heimische Salbei-Art, die schattige bis halbschattige Standorte und nährstoffreiche Böden bevorzugt. Die tief reichenden Wurzeln lockern den Boden, das große Laub schützt ihn.

Vermehrung

Vermehrt sich selbst über Samen. Der klebrige Kelch bleibt im Fell von Tieren hängen und sorgt so für eine weitere Verbreitung. Gezielte Vermehrung am einfachsten durch Aussaat im Frühling. Stockteilung ist vor dem Austrieb empfehlenswert. Stecklings- und Risslingsvermehrung ist im Frühling nach dem Austrieb möglich.

Wissenswertes

Wildgemüse: Das junge Kraut kann im Frühling für Teemischungen verwendet werden, die Blüten eignen sich zur Salatverhübschung.
Nutzen für die Tierwelt: Wertvolle Nektarpflanze für Insekten. Besonders Hummeln fliegen auf Salbei. Die Öffnung zwischen Ober-

Passende Partner

Pfirsichblättrige Glockenblume *(Campanula persicifolia)*; Großblütige Bergminze *(Clinopodium grandiflorum)*; Waldmeister *(Galium odoratum)*; Schwalbenwurz-Enzian *(Gentiana asclepiadea)*; Breitblättriges Laserkraut *(Laserpitium latifolium)*; Immenblatt *(Melittis melissophyllum)*; Salbei-Sommerwurz *(Orobanche salviae)*; Echtes Lungenkraut *(Pulmonaria officinalis)*.

Weitere heimische Salbei-Arten:

Österreicher-Salbei (Salvia austriaca)

Hain-Salbei (Salvia nemorosa)

Wiesen-Salbei (Salvia pratensis)

Zwerg-Holunder

Sambucus ebulus (Geißblattgewächs)

- 80–150 cm hohe Staude mit kriechendem Rhizom
- Blätter aus 5–13 Teilblättchen bestehend
- Blüten weiß mit schwarzroten Staubbeuteln
- Steinfrucht schwarz
- Blütezeit Juni–August

Standort und Boden
Helle, warme Standorte und frische, kalkhaltige und nährstoffreiche Böden sind Idealbedingungen für den Attich, doch gibt er sich auch mit weit weniger guten Voraussetzungen zufrieden. Die starken Rhizome festigen den Boden. Deswegen wird der Zwerg-Holunder gerne zur Sicherung von Böschungen mit Lehmböden verwendet, wenn er sich dort unbändig ausbreiten darf.

Vermehrung
Vermehrt sich selbst über Rhizome und Samen. Gezielte Vermehrung am einfachsten durch Teilung im Frühling. Vorsicht, die Rhizome kriechen tief im Boden, die Pflanze ist teilweise nicht mehr aus dem Garten zu bekommen!

Wissenswertes
Färberpflanze: Mit den reifen Früchten lässt sich Wolle dunkelviolett färben. Die zerdrückten Früchte sind auch als Schuhputzmittel für schwarze Lederschuhe einsetzbar. Sie geben dem Leder einen tiefschwarzen Glanz. Im Gegensatz zu den beiden anderen heimischen Holunder-Arten sind die Früchte auch im gekochten Zustand ungenießbar.
Nutzen für die Tierwelt: Wertvoller Nektar-, Pollen- und Honigtaulieferant. Nektar naschend wurden unter anderem Kleiner Fuchs, Landkärtchen, Kaisermantel und Spanische Fahne beobachtet. Raupen-Futterpflanze für den Engelwurz-Blütenspanner *(Eupithecia tripunctaria)*. Rund 40 heimische Vogelarten nutzen die Früchte des Zwerg-Holunders.

Passende Partner
Acker-Glockenblume *(Campanula rapunculoides)*; Wilde Karde *(Dipsacus fullonum)*; Echter Wasserdost *(Eupatorium cannabinum)*; Wilde Platterbse *(Lathyrus sylvestris)*; Herzgespann *(Leonurus cardiaca)*; Großes Flohkraut *(Pulicaria dysenterica)*; Filzige Königskerze *(Verbascum phlomoides)*.

Weitere heimische, nahe verwandte Arten:

Schwarzer Holunder (Sambucus nigra)

Roter Holunder (Sambucus racemosa)

Alpen-Heckenkirsche (Lonicera alpigena)

Rotes Seifenkraut

Saponaria ocymoides (Nelkengewächs)

- 5–25 cm hohe Staude, niederliegend, aufsteigend oder hängend
- Zahlreiche, Rasen bildende, sterile Triebe
- Blätter eiförmig, behaart
- Blütenstand locker-gabelig, klebrig-zottig
- Krone purpurrosa, 12–18 mm lang
- Blütezeit April–Juli

Standort und Boden

Sonnige Plätze mit trockenen, kalkreichen und nährstoffarmen Böden liebt das Rote Seifenkraut. Es eignet sich daher für Trockenböschungen, Steingärten, Sandrasen und Trockenmauern mit großen Fugen.

Vermehrung

Vermehrt sich selbst über Samen. Gezielte Vermehrung am einfachsten durch Aussaat im Frühling oder Stecklinge nach der Blüte.

Wissenswertes

Name: Der botanische Gattungsname ist vom lateinischen «sapo» (= Seife) abgeleitet und bezieht sich auf das Echte Seifenkraut *(Saponaria officinalis)*, dessen Rhizom als Reinigungsmittel für Wäsche, Gold- und Silberwaren Verwendung fand und teilweise auch heute noch findet.

Nutzen für die Tierwelt: Die Blüten nutzen vorrangig Schmetterlinge, Hummeln und Fliegen.

Passende Partner

Blut-Storchschnabel *(Geranium sanguineum)*; Echte Kugelblume *(Globularia bisnagarica)*; Echtes Sonnenröschen *(Helianthemum nummularium)*; Gelber Lein *(Linum flavum)*; Grauflaumiges Fingerkraut *(Potentilla pusilla)*; Wiesen-Salbei *(Salvia pratensis)*; Alpen-Helmkraut *(Scutellaria alpina)*; Ähriger Ehrenpreis *(Veronica spicata)*.

Weitere heimische Seifenkraut-Arten:

Gelbes Seifenkraut (Saponaria lutea)

Echtes Seifenkraut (Saponaria officinalis)

Zwerg-Seifenkraut (Saponaria pumila)

Weißer Mauerpfeffer

Sedum album (Dickblattgewächs)

- 5–20 cm hohe Staude
- Pflanze kahl, am Grunde reich verzweigt, mit zahlreichen, niederliegenden, sterilen Trieben
- Blätter fleischig, lineal-walzenförmig, 5–15 mm lang, wechselständig
- Blüten weiß, manchmal auch blassrosa, in einer vielblütigen, doldigen Rispe
- Blütezeit Juni–September

Standort und Boden

Sonnige Plätze mit trockenem, nährstoffarmem Untergrund liebt der Weiße Mauerpfeffer. Er eignet sich daher besonders für Steingärten, extensive Dachbegrünungen und für die Bepflanzung von Trockenmauern.

Vermehrung

Vermehrt sich selbst über Kriechtriebe und Samen. Gezielte Vermehrung am einfachsten durch Abnehmen und Verpflanzen von solchen bewurzelten kriechenden Trieben. Risslinge, Sprossstecklinge und Aussaat ohne Abdeckung (Lichtkeimer) von April bis Juni sind möglich.

Wissenswertes

Nutzen für die Tierwelt: Pollenspender für Sand-, Furchen-, Pelz-, Blattschneider-, Woll-, Mauer-, Steppen- und Honigbienen. Der Weiße Mauerpfeffer und die Purpur-Waldfetthenne *(Hylotelephium telephium)* sind Nahrungspflanzen für die Raupen des Apollofalters *(Parnassius apollo)*. Am Baikalsee frisst die Raupe an der Purpur-Waldfetthenne, im Alpenraum vor allem am Weißen Mauerpfeffer. Raupen aus dem östlichen Flachland verweigern *Sedum album* und gehen ein, wenn sie nicht ihre gewohnte Wirtspflanze bekommen, während die Raupen aus den Alpen auch *Hylotelephium telephium* annehmen.

Passende Partner

Berg-Lauch *(Allium lusitanicum)*; Berg-Steinkraut *(Alyssum montanum)*; Niedliche Glockenblume *(Campanula cochleariifolia)*; Herzblättrige Kugelblume *(Globularia cordifolia)*; Zottiges Habichtskraut *(Hieracium villosum)*; Frühlings-Fingerkraut *(Potentilla verna)*; Rotes Seifenkraut *(Saponaria ocymoides)*; Felsen-Mauerpfeffer *(Sedum rupestre)*; Dach-Hauswurz *(Sempervivum tectorum)*; Frühblühender Quendel *(Thymus praecox)*.

Weitere heimische Mauerpfeffer-Arten:

Scharfer Mauerpfeffer (Sedum acre)

Dickblatt-Mauerpfeffer (Sedum dasyphyllum)

Blaugrüner Mauerpfeffer (Sedum hispanicum)

Dach-Hauswurz

Sempervivum tectorum (Dickblattgewächs)

- 10–50 cm hohe Staude
- Blattrosetten 3–14 cm im Durchmesser
- Rosettenblätter 10–15 mm breit, starr, auf den Flächen kahl, am Rand bewimpert, meist mit roter Spitze
- Blütenstand 20- bis 100-blütig
- Krone purpurn, Kronblätter meist 12 oder 13, 9–10 mm lang
- Blütezeit Juni–September

Standort und Boden

Helle, trockene, saure und sehr nährstoffarme Plätze liebt die bescheidene Hauswurz und eignet sich so besonders für die Bepflanzung von Trockenmauern und Steingärten.

Vermehrung

Vermehrt sich selbst über Tochterrosetten, auch Kindeln genannt. Gezielte Vermehrung am einfachsten durch Abnehmen und Einpflanzen solcher Kindel die ganze Vegetationszeit über. Aufwändiger ist die Aussaat im Frühjahr, sie erbringt aber oft interessante, vielfältige Nachkommen.

Wissenswertes

Name: Der botanische Gattungsname ist von den beiden lateinischen Wörtern «semper» (= immer) und «vivere» (= leben) abgeleitet und bezieht sich auf die immergrünen Blätter. Auch der botanische Artname ist lateinischer Herkunft, bedeutet Dach und leitet sich vom alten Brauch ab, Hauswurz gegen Blitzschlag und Feuer aufs Dach zu setzen.

Wildgemüse: Die jungen Blätter sind im Frühling zu Salaten genießbar.

Arzneipflanze: Der in den Blättern enthaltene Saft wird in der Volksheilkunde bei rissiger Haut, Verbrennungen und bei Insektenstichen angewendet. Die Hauswurz hat ähnliche Indikationen wie die bekannte *Aloe vera* als Sonnenschutz und Feuchtigkeitsspender.
Die Pflanzenstoffe wirken entzündungshemmend und erweichend.

Nutzen für die Tierwelt: Die Dach-Hauswurz ist Futterpflanze unter anderem für die Raupen des Roten Apollofalters *(Parnassius apollo)*. An Blütengästen können auf Hauswurz unter anderem Schwebfliegen, Hummeln, Honigbienen, Sandbienen, Wollbienen, Furchenbienen, Blattschneiderbienen, Wespenbienen, Maskenbienen, Gemeine Sandwespe und Weißfleckige Fliegenspießwespe beobachtet werden.

Passende Partner

Immergrünes Felsenblümchen *(Draba aizoides)*; Kugelige Fransenhauswurz *(Jovibara globifera)*; Steinbrech-Felsennelke *(Petrorhagia saxifraga)*; Scharfer Mauerpfeffer *(Sedum acre)*; Weißer Mauerpfeffer *(Sedum album)*; Dickblatt-Mauerpfeffer *(Sedum dasyphyllum)*; Felsen-Mauerpfeffer *(Sedum rupestre)*; Spinnweb-Hauswurz *(Sempervivum arachnoideum)*.

Weitere heimische Hauswurz-Arten:

Spinnweb-Hauswurz (Sempervivum arachnoideum)

Berg-Hauswurz (Sempervivum montanum)

Wulfens Hauswurz (Sempervivum wulfenii)

Alpen-Greiskraut

Senecio cordatus (Korbblütler)

- 50–100 cm hohe Staude
- Blätter breit eiförmig, gezähnt
- Gelbe Körbe zu 5–20 doldenähnlich angeordnet
- Blütezeit Juni–Juli

Standort und Boden

Helle, kühle Standorte und frische, kalkreiche, sehr nährstoffreiche Böden liebt das Alpen-Greiskraut und eignet sich so besonders für ehemalige Ackerböden und alte Mistlagerplätze in rauen Lagen. Auf trockenen Standorten mehltauanfällig.

Vermehrung

Vermehrt sich selbst über Samen. Gezielte Vermehrung am einfachsten durch Stockteilung oder Aussaat im Frühling.

Wissenswertes

Name: Der botanische Gattungsname wurde aus dem lateinischen «senex» *(= Greis)* gebildet und soll den weißen Pappus vieler Arten beschreiben, welcher mit dem weißen Kopfhaar alter Männer bereits in der Antike verglichen wurde.

Nutzen für die Tierwelt: Wertvolle Tiernahrungspflanze. Den Nektar mögen unter anderem Kaisermantel, Kleiner Fuchs, Alpenmoor-Perlmuttfalter, Bergwald-Perlmuttfalter und Natterwurz-Perlmuttfalter.

Passende Partner

Blauer Eisenhut *(Aconitum napellus)*; Bergwiesen-Frauenmantel *(Alchemilla monticola)*; Erdbeerspinat *(Blitum virgatum)*; Feder-Flockenblume *(Centaurea nervosa)*; Verschiedenblättrige Kratzdistel *(Cirsium heterophyllum)*; Hoher Rittersporn *(Delphinium elatum)*; Wald-Storchschnabel *(Geranium sylvaticum)*; Nesselkönig *(Lamium orvala)*.

Weitere heimische Greiskraut-Arten:

Eberrauten-Greiskraut (Senecio abrotanifolius)

Raukenblättriges Greiskraut (Senecio erucifolius)

Berg-Greiskraut (Senecio subalpinus)

Große Sternmiere

Stellaria holostea (Nelkengewächs)

- 10–50 cm hohe Staude mit zahlreichen, aufsteigenden Stängeln
- Blätter lineal-lanzettlich
- Kelchblätter 6–9 mm lang
- Weiße Kronblätter bis doppelt so lang wie der Kelch
- Blütezeit April–Mai

Standort und Boden

Halbschattige, warme Standorte und frische, mäßig nährstoffreiche Böden mag die Große Sternmiere am liebsten. Mit ihren großen Blüten und dem frischgrünen Laub hellt sie dunkle Gartenpartien auf und macht diese freundlicher.

Vermehrung

Vermehrt sich selbst über Samen und unterirdische Ausläufer. Gezielte Vermehrung am einfachsten durch Stockteilung in der gesamten Vegetationsperiode.

Wissenswertes

Name: *Stellaria* ist vom lateinischen «stella» (= Stern) abgeleitet und beschreibt die Form der Blüten, welche meist einem zehnzackigen Stern ähneln.

Nutzen für die Tierwelt: Raupen-Futterpflanze für unter anderem Sternmieren-Blattspanner *(Euphyia biangulata)*, Braune Glattrückeneule *(Aporophyla lutulenta)*, Hornkraut-Blattspanner *(Euphyia frustata)*, Hornkraut-Tageulchen *(Panemeria tenebrata)* und Rötlichbraune Erdeule *(Xestia xanthographa)*. Nektarsaugend konnte unter anderem das Hornkraut-Tageulchen beobachtet werden.

Passende Partner

Feinblättriger Spargel *(Asparagus tenuifolius)*; Maiglöckchen *(Convallaria majalis)*; Behaarter Gundermann *(Glechoma hirsuta)*; Berg-Goldnessel *(Lamiastrum montanum)*; Berg-Platterbse *(Lathyrus linifolius)*; Wald-Vergissmeinnicht *(Myosotis sylvatica)*; Schwarze Rapunzel *(Phyteuma nigrum)*; Frühlings-Braunwurz *(Scrophularia vernalis)*; Kleines Immergrün *(Vinca minor)*; Hain-Veilchen *(Viola riviniana)*.

Weitere heimische, nahe verwandte Arten:

Gras-Sternmiere (Stellaria graminea)

Lärchenblättrige Miere (Minuartia laricifolia)

Moos-Nabelmiere (Moehringia muscosa)

Echter Beinwell

Symphytum officinale (Raublattgewächs)

- 50–120 cm hohe Staude, borstig behaart
- Blätter breitlanzettlich, groß
- Krone purpurn, gelblich oder weiß
- Blütezeit Mai–Juli

Standort und Boden

Helle, warme Standorte und feuchte bis nasse, nährstoffreiche Böden mag der Echte Beinwell. Dabei zeigt er eine Vorliebe für verdichtete Lehmböden, welchen den meisten anderen Gartenpflanzen nicht zusagen. Verträgt eine Mahd im Sommer. Beinwell festigt mit seinem starken Wurzelwerk Böden und schützt sie gleichzeitig mit dem großen Laub.

Vermehrung

Vermehrt sich selbst über Samen. Gezielte Vermehrung am einfachsten durch Rhizomteilung im Spätsommer oder Wurzelrisslinge im Februar/März. In lehmigen, frischen Böden oft nur mehr schwer einzudämmen.

Wissenswertes

Pflege: Ein Rückschnitt nach der Blüte lässt die Pflanzen wieder kompakt werden und vermindert den oftmals auftretenden Mehltaubefall.
Biologischer Pflanzenschutz: Beinwelljauchen und -auszüge dienen der Pflanzengesundheit. Die stickstoff- und kalireiche Brühe bekommt vor allem stark zehrenden Gemüsearten wie Tomate, Kohl oder Sellerie gut. Als gesundheitsfördernde Blattdüngung wird Beinwelljauche verdünnt über die gesamte Pflanze versprüht. Verdünnter Beinwell-Kaltwasserauszug fördert die Widerstandskraft der Rosen.
Arzneipflanze: Beinwellzubereitungen aus Wurzeln und Blättern wirken abschwellend, entzündungshemmend und schmerzstillend. Verwendung finden sie als Salben zur lokalen Behandlung von Muskel- und Gelenkbeschwerden, Prellungen, Verstauchungen, Sehnenscheidenentzündungen und Knochenbrüchen. Auf die innerliche Anwendung sollte aufgrund der leberschädigenden Pyrrolizidinalkaloide verzichtet werden.
Nutzen für die Tierwelt: Wertvolle Insektennährpflanze, besonders für Hummeln. Der sehr reichlich gebotene Nektar liegt in den Blüten so tief verborgen, dass er nur von langrüsseligen Hummeln und bestimmten Schmetterlingen auf normalem Wege erreicht werden kann. Auf Beinwellblütenstaub angewiesen ist die spezialisierte Beinwell-Sandbiene *(Andrena symphyti)*.

Passende Partner

Zottiges Weidenröschen *(Epilobium hirsutum)*; Sumpf-Storchschnabel *(Geranium palustre)*; Echter Gilbweiderich *(Lysimachia vulgaris)*; Wasser-Minze *(Mentha aquatica)*; Schlangen-Knöterich *(Persicaria bistorta)*; Bach-Pestwurz *(Petasites hybridus)*; Großer Wiesenknopf *(Sanguisorba officinalis)*; Echter Baldrian *(Valeriana officinalis)*; Langblättriger Ehrenpreis *(Veronica maritima)*.

Weitere heimische Beinwell-Arten:

Echter Beinwell, weiße Form (Symphytum officinale)

Kleiner Beinwell (Symphytum bulbosum)

Knotiger Beinwell (Symphytum tuberosum)

Rainfarn

Tanacetum vulgare (Korbblütler)

- 30–150 cm hohe Staude mit intensivem Geruch
- Blätter mit eingeschnitten-gezähnten Fiedern
- Gelbe Körbe 8–11 mm im Durchmesser
- Blütezeit Juli–September

Standort und Boden

Fettwiesen, gerne auch ruderal, sind die bevorzugten Standorte des Rainfarns. Auch im Garten mag er helle, frische und nährstoffreiche Plätze.

Vermehrung

Vermehrt sich selbst über Samen und Kriechwurzeln. Gezielte Vermehrung am einfachsten durch Teilung die gesamte Vegetationsperiode über oder Aussaat im Frühling.

Wissenswertes

Färberpflanze: Blätter des Rainfarns färben Wolle grünlich, die Blüten gelblich.
Biologischer Pflanzenschutz: Ein Kaltauszug hilft vorbeugend gegen Läuse. Rainfarntee, -brühe und -jauche helfen unverdünnt gegen Milben, Läuse, Frostspanner, Kartoffelkäfer, Lilienhähnchen, Erdbeerblütenstecher, Himbeerkäfer und Apfelwickler.
Arzneipflanze: Homöopathische Zubereitungen finden bei nervöser Erschöpfung und Krämpfen Anwendung.
Nutzen für die Tierwelt: Wertvolle Pollen- und Nektarpflanze für die Tierwelt.

Der Nektar ist allen Gästen zugänglich, da die Blütenröhren nur 1 mm tief sind. Sandbienen, Zweipunkt-Marienkäfer, Fünfpunkt-Marienkäfer, Kleiner Feuerfalter und Smaragdspanner sind nur einige der profitierenden Insekten. Futterpflanze unter anderem für die Raupen von Rotrandbär *(Diacrisia sannio)* und Smaragdgrünem Schafgarbenspanner *(Anonechloris smaragdaria)*.

Passende Partner

Echter Eibisch *(Althaea officinalis)*; Echte Betonie *(Betonica officinalis)*; Wiesen-Storchschnabel *(Geranium pratense)*; Echtes Johanniskraut *(Hypericum perforatum)*; Echtes Leinkraut *(Linaria vulgaris)*; Punktierter Gilbweiderich *(Lysimachia punctata)*; Echte Goldrute *(Solidago virgaurea)*; Großblütige Königskerze *(Verbascum densiflorum)*.

Weitere heimische oder eingebürgerte, nahe verwandte Arten:

Strauß-Wucherblume (Tanacetum corymbosum)

Mutterkraut (Tanacetum parthenium)

Kronen-Wucherblume (Glebionis coronaria)

Akeleiblättrige Wiesenraute

Thalictrum aquilegifolium (Hahnenfußgewächs)

- 40–120 cm hohe Staude
- Stängel auf der ganzen Länge beblättert
- Blätter blaugrün, 1- bis 3-fach gefiedert, Blättchen rundlich bis oval, grob und stumpf gezähnt
- Blütenstand rispig, reich verzweigt
- Staubfäden lila bis weiß, ausnahmsweise auch blassgelb, unter den Staubbeuteln verdickt
- Blütezeit Mai–Juli

Standort und Boden

Bergwiesen und Staudenfluren besiedelt die Akeleiblättrige Wiesenraute von Natur aus. Auch im Garten mag das Hahnenfußgewächs helle bis halbschattige Standorte und feuchte, nährstoffreiche Böden. Es eignet sich im ungezähmten Garten unter anderem für Staudenbeete und feuchte Saumgesellschaften.

Vermehrung

Vermehrt sich selbst über Samen. Gezielte Vermehrung am einfachsten durch Stockteilung im Sommer oder Aussaat im Frühling. Frisches Saatgut keimt sehr zögerlich.

Wissenswertes

Besondere Blüte: Die Pflanze hat auf Blütenblätter verzichtet und stattdessen Staubblätter zahlreich und farbenfroh ausgebildet. Das ist einmalig innerhalb der heimischen Flora.

Nutzen für die Tierwelt: Den Pollen nutzen vor allem Bienen, Schlupf-, Grab- und Wegwespen und Käfer, so auch gerne Rosenkäfer und Bockkäfer. Futterpflanze unter anderem für die Raupen von Wiesenrauten-Blattspanner *(Perizoma sagittata)*, Eisenhut-Höckereule *(Euchalcia variabilis)*, Großer Wiesenrautengoldeule *(Panchrysia deaurata)*, Espers Wiesenrauten-Silbereule *(P. v-argenteum)* und der Wiesenrauten-Goldeule *(Lamprotes c-aureum)*.

Passende Partner

Dunkle Akelei *(Aquilegia atrata)*; Hoher Rittersporn *(Delphinium elatum)*; Wald-Storchschnabel *(Geranium sylvaticum)*; Krainer Lilie *(Lilium carniolicum)*; Striemensame *(Molopospermum peloponnesiacum)*; Quirl-Salomonssiegel *(Polygonatum verticillatum)*; Platanenblättriger Hahnenfuß *(Ranunculus platanifolius)*; Trollblume *(Trollius europaeus)*.

Weitere heimische Wiesenrauten-Arten:

Gelbe Wiesenraute (Thalictrum flavum)

Glänzende Wiesenraute (Thalictrum lucidum)

Kleine Wiesenraute (Thalictrum minus)

Frühblühender Quendel

Thymus praecox (Lippenblütler)

- 1–10 cm hoher, würzig duftender Zwergstrauch
- Teppichartig kriechend
- Stängel der Blühtriebe 4-kantig bis fast rund
- Purpurfarbene Kronblätter
- Blütezeit Mai–August

die Schwesternart *Thymus vulgaris* hat der heimische Quendel ein angenehmeres, zarteres Aroma. Die Blätter dienen als Würze und zur Teegetränkzubereitung. Die zierlichen, essbaren Blüten sind zur Tellerdekoration geeignet.

Standort und Boden

Der Quendel ist ein Hungerkünstler, der dort am besten wächst, wo die Bedingungen gänzlich karg sind. Je weniger Nährstoffe im Boden sind, desto reicher blüht und desto intensiver duftet die Art. Daher eignet er sich als Bodendecker für Sandrasen, für Steingärten, Trockenmauern und Kräuterbeete.

Vermehrung

Vermehrt sich selbst über Ausläufer und Samen. Gezielte Vermehrung am einfachsten durch Absenker im Frühjahr. Stecklinge sind im Sommer möglich.

Wissenswertes

Wildgemüse: Durch den etwas geringeren Gehalt an ätherischen Ölen als die Schwesternart *Thymus vulgaris* hat der heimische Quendel ein angenehmeres, zarteres Aroma. Die Blätter dienen als Würze und zur Teegetränkzubereitung. Die zierlichen, essbaren Blüten sind zur Tellerdekoration geeignet.

Arzneipflanze: Bereits 1719 fand NEUMAN einen antiseptischen Stoff in der Pflanze, den LALLEMAND 1853 dann Thymol (= Thymiankampfer) benannte. Die desinfizierende Wirkung ist es auch, warum Quendel heute noch bei Atemwegsbeschwerden eingesetzt wird. Außerdem wirkt Thymian verdauungsfördernd, reinigend, balsamisch und ableitend.

Nutzen für die Tierwelt: Eine besondere Beziehung zum Quendel hat der Schwarzgefleckte Thymian-Ameisenbläuling *(Maculinea arion)*. Die Weibchen legen im Juli ihre Eier einzeln an Quendelknospen. Die Raupen fressen die Blüten und reifenden Samen und lassen sich anschließend auf den Boden fallen, wo sie von Ameisen, meist der Art *Lasius flavus*, entdeckt und betrillert werden. Die Raupe sondert daraufhin eine süße Flüssigkeit ab und lässt sich von den Ameisen in deren Bau schleppen, wo sie sich nach Herzenslust über die Ameisenbrut hermacht. Den Tribut dafür entrichtet sie weiterhin mit süßem Saft und angenehmem Duft. Die Raupen überwintern im Ameisennest und sind im Frühjahr ausgewachsen.

Passende Partner

Zypressen-Wolfsmilch *(Euphorbia cyparissias)*; Herzblättrige Kugelblume *(Globularia cordifolia)*; Echtes Sonnenröschen *(Helianthemum nummularium)*; Hufeisenklee *(Hippocrepis comosa)*; Sand-Fingerkraut *(Potentilla arenaria)*; Weißer Mauerpfeffer *(Sedum album)*; Dach-Hauswurz *(Sempervivum tectorum)*; Edel-Gamander *(Teucrium chamaedrys)*.

Weitere heimische Quendel-Arten:

Alpen-Quendel (Thymus praecox subsp. Polytrichus)

Arznei-Quendel (Thymus pulegioides)

Sand-Quendel (Thymus serpyllum)

Fuchsschwanz-Klee

Trifolium rubens (Schmetterlingsblütler)

- ☞ 25–60 cm hohe Staude
- ☞ Blättchen schmal eiförmig, 4–7 cm lang, 0,8–1,4 cm breit
- ☞ Blütenstand 3–7 cm lang, 1–3 cm breit
- ☞ Kronblätter purpurrot
- ☞ Blütezeit Juni–Juli

Standort und Boden

Seine prächtigen, samtig weich behaarten Blütenstände zeigt der Fuchsschwanz-Klee am liebsten an hell-warmen Standorten mit trockenen, kalkreichen und nährstoffarmen Böden.

Vermehrung

Vermehrt sich selbst über Samen. Gezielte Vermehrung am einfachsten durch Aussaat nach der Fruchtreife.

Wissenswertes

Wildgemüse: Die hübschen, essbaren Blüten zieren Salate und Desserts.

Nutzen für die Tierwelt: Nektar- und Pollenquelle für Hummeln und viele andere Wildbienenarten. Den Nektar nutzen unter anderem Schwalbenschwanz, Goldene Acht, Tagpfauenauge, Distelfalter, Zitronenfalter, Kleiner Fuchs, Kleiner Perlmuttfalter und weitere Schmetterlingsarten.

Passende Partner

Knäuel-Glockenblume *(Campanula glomerata)*; Berg-Kronwicke *(Coronilla coronata)*; Trionfettis Flockenblume *(Cyanus triumfettii)*; Diptam *(Dictamnus albus)*; Schnee-Heide *(Erica carnea)*; Vielfarbige Wolfsmilch *(Euphorbia polychroma)*; Echtes Salomonssiegel *(Polygonatum odoratum)*; Große Brunelle *(Prunella grandiflora)*.

Weitere heimische Klee-Arten:

Hügel-Klee (Trifolium alpestre)

Gold-Klee (Trifolium aureum)

Mittlerer Klee (Trifolium medium)

Großer Ehrenpreis

Veronica teucrium (Wegerichgewächs)

- 20–50 cm hohe Staude
- Blätter eiförmig, gezähnt
- Krone blau
- Blütezeit Mai–Juni

Standort und Boden

Hell und warm sollte der Standort, trocken, kalkhaltig und nährstoffarm der Boden sein, dann fühlt sich der Große Ehrenpreis am wohlsten. Er eignet sich vor allem für Staudenbeete, Wegsäume und Kiesrasen, wo er sein herrliches Blau zeigen kann.

Vermehrung

Vermehrt sich selbst über Samen. Gezielte Vermehrung am einfachsten durch Stockteilung im Herbst. Aussaat ist im Frühling, Stecklingsvermehrung die gesamte Vegetationsperiode über möglich.

Wissenswertes

Wildgemüse: Die essbaren Blüten ergeben einen Salat- oder Tellerschmuck.

Nutzen für die Tierwelt: Wertvolle Insektennahrungspflanze, so für Sand-, Pelz- und Honigbienen, Hummeln, Blattkäfer, Echte Fliegen und Schwebfliegen. Das größte Nektarangebot mit dem meisten Zuckergehalt steht den Insekten von 6 bis 10 Uhr vormittags zur Verfügung. Kleine Bienen und Schwebfliegen klammern sich an die Staubfäden, biegen sie unter den Bauch und bestäuben sich dabei. Der mitgebrachte Pollen gelangt schon beim Anflug auf die vorgestreckte Narbe. Futterpflanze unter anderem von Wegerich-Scheckenfalter *(Melitaea cinxia)*, Rotem Scheckenfalter *(M. didyma)*, Assmanns Scheckenfalter *(M. britomartis)* und Wachtelweizen-Scheckenfalter *(M. athalia)*.

Passende Partner

Großes Windröschen *(Anemone sylvestris)*; Purpurblauer Steinsame *(Buglossoides purpurocaerulea)*; Aufrechte Waldrebe *(Clematis recta)*; Blut-Storchschnabel *(Geranium sanguineum)*; Weiden-Alant *(Inula salicina)*; Hain-Salbei *(Salvia nemorosa)*; Schwarzer Germer *(Veratrum nigrum)*; Violette Königskerze *(Verbascum phoeniceum)*.

Weitere heimische Ehrenpreis-Arten:

Österreicher-Ehrenpreis (Veronica austriaca)

Ähriger Ehrenpreis (Veronica spicata)

Gamander-Ehrenpreis (Veronica chamaedrys)

Kleines Immergrün

Vinca minor (Hundsgiftgewächs)

- 5–20 cm hoher Halbstrauch
- Blätter ledrig, immergrün
- Blüte hellblau
- Blütezeit April–Mai

Standort und Boden

Schattige bis halbschattige, warme Standorte und frische Böden bevorzugt das Kleine Immergrün und eignet sich daher besonders als Bodendecker für dunkle Gartenplätze.

Vermehrung

Vermehrt sich selbst über Ausläufer. Samen werden nur selten gebildet und haben obendrein eine geringe Keimrate. Gezielte Vermehrung am einfachsten durch Stockteilung im Frühjahr oder Herbst.

Wissenswertes

Arzneipflanze: Die Droge dient heute nur noch der Isolierung des Alkaloids Vincamin, das in Fertigpräparaten zur Behandlung von Stoffwechsel- und Durchblutungsstörungen des Gehirns, des Innenohrs und der Netzhaut Verwendung findet.
Nutzen für die Tierwelt: Die Blüten nutzen Wildbienen, Hummeln, Tagfalter, Fliegen und Fransenflügler. Futterpflanze für die Raupen des Oleanderschwärmers *(Daphnis nerii)*.

Passende Partner

Haselwurz *(Asarum europaeum)*; Alpenveilchen *(Cyclamen purpurascens)*; Echter Seidelbast *(Daphne mezereum)*; Waldmeister *(Galium odoratum)*; Efeu *(Hedera helix)*; Frühlings-Platterbse *(Lathyrus vernus)*; Große Sternmiere *(Stellaria holostea)*; Knotiger Beinwell *(Symphytum tuberosum)*.

Weitere heimische Immergrün-Arten:

Krautiges Immergrün (Vinca herbacea)

Kleines Immergrün, weiße Form (Vinca minor)

Echte Pechnelke

Viscaria vulgaris (Nelkengewächs) (Syn. *Lychnis viscaria*)

- 20–40 cm hohe Staude, klebrig
- Blätter schmal lanzettlich
- Krone purpurrosa
- Blütezeit Mai

Standort und Boden

Helle Standorte und saure, relativ nährstoffarme Böden sind die idealen Voraussetzungen für die Pechnelke. Sie eignet sich für Heidegärten und Sandrasen, aber auch für Staudenbeete ohne Vliesabdeckung.

Vermehrung

Vermehrt sich selbst über Samen. Gezielte Vermehrung am einfachsten durch Aussaat gleich nach der Fruchtreife in einem Gemisch aus zwei Teilen Quarzsand und einem Teil Aussaaterde.

Wissenswertes

Biologischer Pflanzenschutz: Die Pechnelke hat wachstumsfördernde Eigenschaften. Das Pechnelkenextrakt ist in Deutschland als Pflanzenstärkungsmittel zugelassen. Weiter hilft das Extrakt gegen Grauschimmel an Tomate, Gurkenmehltau und Malvenrost. Es kann als fertiges Präparat erstanden oder aufwändig aus den Samen selbst hergestellt werden.

Nutzen für die Tierwelt: Die an der Basis der Staubfäden sitzenden Nektardrüsen sind für Honigbienen gerade noch erreichbar. Leichter tun sich hier Arten wie Steinhummel, Ackerhummel oder Dunkle Erdhummel. Ausschließlich am Pollen interessiert sind Sandbiene, Furchenbiene und Hummel-Waldschwebfliege. Als Nascher können auch immer wieder Braunfleckiger Perlmuttfalter, Segelfalter, Taubenschwänzchen, Hummelschwärmer oder Braune Bunteule beobachtet werden.

Passende Partner

Katzenpfötchen *(Antennaria dioica)*; Rundblättrige Glockenblume *(Campanula rotundifolia)*; Heide-Nelke *(Dianthus deltoides)*; Flügel-Ginster *(Genista sagittalis)*; Dolden-Habichtskraut *(Hieracium umbellatum)*; Berg-Sandglöckchen *(Jasione montana)*; Orangerotes Habichtskraut *(Pilosella aurantiaca)*; Hunds-Veilchen *(Viola canina)*.

Dreiblättrige Waldsteinie

Waldsteinia ternata (Rosengewächs)

- 5–15 cm hohe Staude mit gelappten, grob kerbsägigen Blättern
- Blütenstand 3- bis 7-blütig
- Gelbe Blüte von etwa 1,5 cm im Durchmesser
- Blütezeit April – Mai

Name ist zu Ehren des österreichischen Naturwissenschaftlers Franz de Paula Adam Norbert Wenzel Ludwig Valentin von WALDSTEIN (1759–1823) benannt. Mit Paul KITAIBEL reiste er durch Ungarn und trug viel zur Erforschung der ungarischen Flora bei. Der botanische Artbeiname ist vom lateinischen «terni» (= je drei) abgeleitet und beschreibt die dreilappigen Blätter.

Nutzen für die Tierwelt: Vor allem Käfer, Wildbienen und Schwebfliegen nutzen die Waldsteinien-Blüten als Nahrungsquelle.

Standort und Boden

Von Kärnten bis Ostsibirien und Japan mit einer 5000 km weiten Areallücke reicht das Verbreitungsgebiet dieser Art. Die Ansprüche sind aber trotz der Distanzen die gleichen: Halbschattige, luftfeuchte Standorte und frische, nährstoffreiche Böden liebt die Waldsteinie. Sie eignet sich besonders als Bodendecker. Durch die verzweigten Kriechsprosse festigt und schützt die Waldsteinie den Boden.

Vermehrung

Vermehrt sich selbst über Ausläufer. Gezielte Vermehrung am einfachsten durch Teilung im Frühling oder Herbst.

Wissenswertes

Name: Der botanische Gattungsname und damit auch der deutsche

Passende Partner

Kriechender Günsel *(Ajuga reptans)*; Große Sterndolde *(Astrantia major)*; Wald-Frauenfarn *(Athyrium filix-femina)*; Pfirsichblättrige Glockenblume *(Campanula persicifolia)*; Wald-Erdbeere *(Fragaria vesca)*; Efeu *(Hedera helix)*; Buchsblättrige Kreuzblume *(Polygala chamaebuxus)*; Keilblättriger Steinbrech *(Saxifraga cuneifolia)*.

Weitere heimische, nahe verwandte Arten:

Echter Odermennig (Agrimonia eupatoria)

Wohlriechender Odermennig (Agrimonia procera)

Aremonie (Aremonia agrimonoides)

Bezugsquellen für heimische Pflanzen und Saatgut (Auswahl)

Deutschland

Bingenheimer Saatgut AG (ehemals Allerleirauh), Kronstraße 24, 61209 Echzell, *www.oekosaatgut.de*. Saatgut, Zwiebeln

Bioland-Versandgärtnerei Strickler, Lochgasse 1, 55232 Alzey, *www.gaertnerei-strickler.de*. Stauden, alte Gemüsesorten

Bio-Saatgut, Eulengasse 2, 55288 Armsheim, *www.bio-saatgut.de*. Breites Angebot an biologischem Saatgut

Blauetikett-Bornträger, 67591 Offstein, *www.blauetikett.de*. Saatgut, Stauden, Sträucher, Obstsorten

Blumenschule Schongau, Augsburger Straße 62, 86956 Schongau, *www.blumenschule.de*. Saatgut, Stauden

Die Kräuterei, Bioland, Alexanderstraße 29, 26121 Oldenburg, *www.kraeuterei.de*. Stauden

Dreschflegel-Versand, Postfach 12 13, 37202 Witzenhausen, *www.dreschflegel-saatgut.de*. Breites Angebot an biologischem Saatgut

Hild Samen, Kirchenweinbergstraße 115, 71672 Marbach am Neckar, *www.hildsamen.de*. Gemüse- und Kräutersamen

Hof Berggarten, Lindenweg 17, 79737 Herrischried, *www.hof-berggarten.de*. Samen, Zwiebeln, Kräuter, Wildstauden

Native Plants, Zum Kreuzstein 3 b, 96138 Burgebrach, *www.native-plants.de*. Stauden und Saatgut heimischer Wildpflanzen

natura-samen, Pestalozzistraße 41, 97688 Bad Kissingen, *www.natura-samen.de*. Samen und Samenmischungen ausschließlich heimischer Pflanzenarten

Rieger-Hofmann GmbH, In den Wildblumen 7, 74572 Blaufelden-Raboldshausen, *www.rieger-hofmann.de*. Samen und Samenmischungen ausschließlich heimischer Pflanzen

Saatgutversand Grüner Tiger, Pfarräckerstraße 13, 90522 Oberasbach, *www.gruenertiger.de*. Breites Angebot an Gemüsesorten, Blumenzwiebeln

Samenfest, Erica-Sinauer-Straße 10, 79111 Freiburg, *www.samenfest.de*. Biologisches Saatgut aus der Region Breisgau

Sperli Samen, Carl Sperling & Co., Hamburger Straße 35, 21339 Lüneburg, *www.sperli.de*. Saatgut.

Staudengärtnerei Dieter Gaissmayer Jungviehweide 3, 89257 Illertissen, *www.staudengaissmayer.de*. Breites Angebot an Stauden.

Syringa-Samen, Bachstraße 7, 78247 Hilzingen, *www.syringa-samen.de*. Breites Angebot an Saatgut

Österreich

ReinSaat, 3572 St. Leonhard am Hornerwald 69, *www.reinsaat.at*. Wildblumensaatgut, Gemüsesamen, Blumenzwiebeln

Wildpflanzengärtnerei Rössler, Unterstetten 29, Tollet, 4715 Taufkirchen/Trattnach, *www.wildrosen.at*. Wildstauden und Wildgehölze

Voitsauer Wildblumensamen, Voitsau 8, 3623 Kottes-Purk, *www.wildblumensaatgut.at*. Samen heimischer Wildpflanzen

Staudengärtnerei Schmidt, Rütti 1, 6842 Koblach, *www.der-staudengaertner.at*. Wildstauden und Saatgut

Staudengärtnerei Sarastro, 4974 Ort im Innkreis, Kammer, gegenüber Autohaus Mühlleitner, *www.sarastro-stauden.com*. Große Staudenauswahl, auch von ausgefallenen Arten

Schweiz

BioTerra, Dubsstrasse 33, 8003 Zürich, *www.bioterra.ch*. Pflanzen und Samen

Botanik Sämereien, Badenerstrasse 134, 8004 Zürich, *www.saemereien.ch*. Breites Angebot an Samen

Rusterholz AG, Alte Landstrase 78, 8942 Oberrieden, *www.pflanzenverkauf.ch*. Heimische Gehölze

Sativa Rheinau AG, Klosterplatz 1, 8462 Rheinau, *www.sativa-rheinau.ch*. Breites Angebot an biologischem Saat- und Pflanzgut

Wildstaudengärtnerei Patricia Willi, Neumühle 2, Waldibrücke, 6274 Eschenbach, *www.wildstauden.ch*. Wildpflanzen, Samenmischungen, Saatgut

Wildstaudengärtnerei Höfli, Im Berg 19, 8537 Nussbaumen, *www.stift-hoefli.ch*. Wildpflanzen

Zollinger Samen, Biologische Samengärtnerei, 1897 Les Evouettes, *www.zollinger-samen.ch*. Breites Angebot an biologischem Saatgut

Literatur

Beck, A.: Steingärten und Trockenmauern, Stuttgart, 2013

Biermaier, M.: Nützlingsquartiere für naturnahe Gärten, Wien, 2012

Bross-Burkhardt, B.: Lob des Unkrauts. Wilde Pflanzen in Garten und Stadt, Bern 2015

Fischer, M., K. Oswald und W. Adler: Exkursionsflora für Österreich, Liechtenstein und Südtirol, Linz, 2008

Fischer, R.: Blütenvielfalt im Pannonicum, Eching, 2004

Fleischhauer, S. G.: Enzyklopädie der essbaren Wildpflanzen, Aarau, 2015

Gamerith, W.: Tiere im naturnahen Garten, Wien, 2006

Griebl, N.: Naturnah gärtnern. Die 140 wertvollsten Pflanzen für den Naturgarten, Bern 2015

Haberer, M.: Taschenatlas Beet- und Balkonpflanzen, Stuttgart, 2002

Heil, A.: Der Paradiesgarten. Essbare Stauden selbst angepflanzt, Staufen bei Freiburg, 2011

Heistinger, A.: Das große Biogarten-Buch, Innsbruck, 2013

Heyland, K.-U. et al.: Handbuch des Pflanzenbaus. Ölfrüchte, Faserpflanzen, Arzneipflanzen und Sonderkulturen, Stuttgart, 2006

Hintermeier, H.; Hintermeier, M.: Blütenpflanzen und ihre Gäste, drei Teile, München, Teil 1: 2002; Teil 2: 2009; Teil 3: 2012

Hintermeier, H.; Hintermeier, M.: Schmetterlinge im Garten und in der Landschaft, München, 2005

Hintermeier, H.; Hintermeier, M.: Streuobstwiesen. Lebensraum für Tiere, München, 2009

Holzner, W.; Glauninger, J.: Ackerunkräuter. Bestimmung, Biologie, landwirtschaftliche Bedeutung, Graz, 2005

Hudak, R., Harazim, H.: Gartenschätze. Küchengarten für Selbstversorger, München, 2012

Ineichen, S.; Ruckstuhl, M.: Stadtfauna Zürich, Bern, 2010

Ineichen, S.; Klausnitzer, B.; Ruckstuhl, M.: Stadtfauna. 600 Tierarten unserer Städte, Bern, 2012

Jalas, J.; Suominen, J.: Atlas Florae Europaeae, Helsinki, 2014

Jelitto, L. et al.: Die Freiland-Schmuckstauden. Lexikon der winterharten Gartenstauden, Stuttgart, 1990

Kawollek, W.; Kawollek, M.: Alles über Pflanzenvermehrung. Methoden, Praxis, Handgriffe, Stuttgart, 2008

Kienegger, M.: Nützlinge im naturnahen Garten, Wien, 2007

Klock, M.; Klock, P.: Trendpflanzen. Stevia, Goji, Indianerbanane, Wien, 2011

Koechlin, F.: Zellgeflüster. Streifzüge durch wissenschaftliches Neuland, Basel, 2010

Kremer, B. P.: Mein Garten – ein Bienenparadies, Bern 2014

Lieberei, R.; Reisdorf, Chr.: Nutzpflanzenkunde, Stuttgart, 2007

Luy, M.: Statusreport der Brutvögel Münchens, Naturschutz-Report, 2004

Mabey, R.: Essbar. Wildpflanzen, Pilze, Muscheln für die Naturküche, Bern, 2013

Machatschek, M.: Nahrhafte Landschaft, 2 Teile, Wien, Teil 1: 1999; Teil 2: 2004

Mansfeld, R.; Schultze-Motel, J.: Verzeichnis landwirtschaftlicher und gärtnerischer Kulturpflanzen 1–4, Berlin, 1986

Marzell, H., Wörterbuch der deutschen Pflanzennamen, Leipzig 2000

Mayer, E.: Wildfrüchte, Wildgemüse, Wildkräuter, Graz, 2011

Ploberger, K.: Natur im Garten, AV-Buch, 2009

Reichholf, J. H.: Die Zukunft der Arten, München, 2005

Reichholf, J. H.: Stadtnatur. Eine neue Heimat für Tiere und Pflanzen, München, 2007

Renaud, V.: Gemüse und Kräuter von A–Z, Stuttgart, 2007

Riechelmann, C.: Wilde Tiere in der Großstadt, Berlin, 2004

Röseler, P.-F.: Der Hummelgarten, Gelnhausen, 2001
Roth, L.; Dauneder, M.; Kormann, K.: Giftpflanzen, Pflanzengifte, Hamburg, 2008
Roth, L.; Kormann, K.: Ölpflanzen. Pflanzenöle, Landsberg, 2000
Scherf, G.: Alte Nutzpflanzen wieder entdeckt, München, 2008
Schönfelder, I.; Schönfelder, P.: Das neue Handbuch der Heilpflanzen, Stuttgart, 2004
Spohn, M., Spohn, R.: Blumen und ihre Bewohner. Der Naturführer zum reichen Leben an Garten- und Wildpflanzen, Bern 2015
Stiftung Umwelt-Einsatz Schweiz (Hrsg.): Trockenmauern. Grundlagen, Bauanleitung, Bedeutung, Bern 2016
Storl, W.-D.: Kräuterkunde, Bielefeld, 2009
Thinschmidt, A.: Zur Bestäubung der Blütenpflanzen. Der praktische Gartenratgeber, 2000
Thomas, A.: Gärtnern für Tiere. Das Praxisbuch für das ganze Jahr, Bern 2013
Witt, R.: Wildpflanzen für jeden Garten. 1000 heimische Blumen, Stauden und Sträucher. München, 1995
Witt, R.: Naturoase Wildgarten. Überlebensraum für unsere Pflanzen und Tiere. München, 1995
Witt, R.: Nachhaltige Pflanzungen und Ansaaten. Kräuter, Stauden und Sträucher, Ottenhofen, 2012

Bildnachweis

Alle Fotos stammen von **Norbert Griebl,** mit Ausnahme von:

Andreas Axmann: Seite 109 lu
Dr. Wilhelm Baier: Seiten 55 mu, 63 mu, 95 m, 111 mu, 137 u
Ingo Bartussek (Fotolia): Seite 6
Gailhampshire, flickr, CC-BY-SA-2.0: Seite 203 o
Goldbany (Fotolia): Seite 12
Dr. Gerald Gübitz: Seite 87 ro
DI Roswitha Hörner: Seite 211 ol
Peter Hubert: Seiten 38, 69 lo, 80, 113 m, 142 lu, 143 lu, 193 m, 199 lu
Dietmar Jakely: Seiten 31 ro, 118, 203 lu, 219
Renate Kalz: Seite 8
Walter Kussegg: Seiten 11 ru, 21 mu, 27 m, 53 mr, 57 mr, 71 ro, 79 o, 85 ro, 89 lo, 91 ro, 121 m, 123 m, 131 o, 132, 147 o und m, 175 m, 188, 189 m, 195 o, 211 ro und mu
Pleple2000, Wikimedia Commons, CC-BY-SA-3.0: Seite 221 o
Quartl, Wikimedia Commons, CC-BY-SA-3.0: Seite 207 o
Karl Schebesta: Seiten 25 ml, 61 lu, 93 lu, 213 mu
Alexander Schmidhammer: Seiten 55 ro, 177 o, 215 o
Hans Schön: Seiten 53 ru, 77 m, 85 mu, 117 mu, 143 m, 147 lu, 149 ru, 155 ru
Mag. Bernhard Schubert: Seiten 25 ro, 26, 27 o, 81 u
Ryan Somma, flickr, CC-BY-SA-2.0: Seite 140 o
Mag. Gertrud Tritthart: Seiten 23 ru, 34, 37 o, 43 o, 51 mu, 67 o, 85 lu, ru, 93 mr, 100, 105, 120, 127 ro, 143 mu, 159 mu, 169 mu, 171 o, 185 o, 191 mu, 193 ru, 197 m, 201 m, 203 ru, 209 o und ru, 213 m, 217 lu
Warburg 1866, Wikimedia Commons, CC-BY-SA-4.0: Seite 111 o
Sepp Weinzettl: Seiten 24, 157 lu, 211 lu
Christian Wolf: Seiten 41 o, 51 ru, 179 o
Nicolette Wollentin (iStock): Seite 146

Register

A

Achillea clavennae 67
Achillea macrophylla 67
Achillea millefolium 66
Achillea ptarmica 67
Agrimonia eupatoria 221
Agrimonia procera 221
Agrostemma githago 53
Ajuga chamaepitys 69
Ajuga genevensis 69
Ajuga pyramidalis 69
Ajuga reptans 68
Akelei, Alpen- 79
Akelei, Dunkle 79
Akelei, Echte 78
Akelei, Einseles 79
Alant, Deutscher 147
Alant, Rauer 146
Alant, Schwert- 147
Alant, Wiesen- 147
Alchemilla conjuncta 71
Alchemilla glabra 71
Alchemilla hoppeana 70
Alchemilla monticola 71
Allium carinatum 73
Allium flavum 73
Allium lusitanicum 73
Allium ursinum 72
Alyssum alyssoides 89
Alyssum montanum 89
Alyssum repens 89
Anemone nemorosa 74
Anemone ranunculoides 75
Anemone sylvestris 75
Anemone trifolia 75
Angelica archangelica 30
Angelica sylvestris 31
Anthemis austriaca 77
Anthemis cotula 77
Anthemis tinctoria 76
Anthemis triumfettii 77
Aquilegia alpina 79
Aquilegia atrata 79
Aquilegia einseleana 79
Aquilegia vulgaris 78
Aremonia agrimonoides 221
Aremonie 221
Aristolochia clematitis 80
Arnica montana 95
Arnika 95
Aruncus dioicus 82
Aster alpinus 85
Aster amellus 84
Aster, Alpen- 85
Aster, Berg- 84
Astrantia bavarica 87
Astrantia carniolica 87
Astrantia major 86
Atocion armeria 20
Atropa belladonna 51
Aurinia saxatilis 88

B

Barbarakraut, Echtes 32
Barbarea vulgaris 32
Beinwell, Echter 8, 204, 205
Beinwell, Kleiner 205
Beinwell, Knotiger 205
Bellis perennis 90
Bergscharte, Alpen- 59
Bilsenkraut, Schwarzes 50
Bitterling, Durchwachsener 37
Blackstonia perfoliata 37
Blasenkirsche 172
Buglossoides purpurocaerulea 92
Buphtalmum salicifolium 94

C

Campanula glomerata 97
Campanula latifolia 97
Campanula rapunculoides 96
Campanula spicata 97
Cardamine bulbifera 99
Cardamine enneaphyllos 99
Cardamine glanduligera 99
Cardamine pentaphyllos 98
Carduus carduelis 35
Carduus defloratus subsp. *glaucus* 35
Carduus nutans 34
Carduus personata 35
Carex baldensis 101
Carex pendula 101
Carex pseudocyperus 100
Carex randalpina 101
Centaurea jacea 109
Centaurium erythraea 36
Centaurium pulchellum 37
Centranthus ruber 102
Chaerophyllum aromaticum 31
Chrysosplenium alternifolium 104
Cirisium eriophorum 38
Cirisium heterophyllum 39
Cirsium carniolicum 39
Cirsium erisithales 39
Cochlearia officinalis 171
Coristospermum lucidum 31
Corydalis cava 185
Corydalis pumila 185
Corydalis solida 185
Crambe maritima 171
Crocus exiguus 106
Cyanus montanus 108
Cyanus segetum 109
Cyanus triumfettii 109
Cymbalaria muralis 110
Cynoglossum officinale 40, 93

D

Dianthus barbatus 113
Dianthus carthusianorum 113
Dianthus deltoides 112
Dianthus hyssopifolius 113

Digitalis grandiflora 43
Digitalis lutea 43
Digitalis purpurea 8, 11, 42
Digitalis x mertonensis 43
Dipsacus fullonum 44
Dipsacus laciniatur 45
Dipsacus pilosus 45
Dipsacus sativus 45
Distel, Blaugrüne Alpen- 35
Distel, Klett- 35
Distel, Nickende 34
Distel, Stieglitz- 35
Doronicum austriacum 115
Doronicum clusii 115
Doronicum grandiflorum 115
Doronicum pardalianches 114
Dryopteris filix-mas 116
Drypoteris dilatata 117

E

Echinops exaltatus 119
Echinops ritro 119
Echinops sphaerocephalus 118, 119
Echium vulgare 46
Efeu 138
Ehrenpreis, Ähriger 214
Ehrenpreis, Gamander- 214
Ehrenpreis, Großer 213
Ehrenpreis, Österreicher- 214
Engelwurz, Echte 30
Engelwurz, Wilde 31
Epilobium alpestre 121
Epilobium angustifolium 120
Epilobium dodonaei 121
Epilobium hirsutum 121
Erdbeere, Hügel- 129
Erdbeere, Moschus- 129
Erdbeere, Wald- 128
Eselsdistel 11, 58
Euphorbia amygdaloides 123
Euphorbia austriaca 123
Euphorbia cyparissias 122
Euphorbia polychroma 123

F

Ficaria calthifolia 125
Ficaria verna 124
Filipendula ulmaria 126
Filipendula vulgaris 127
Fingerhut, Gelber 43
Fingerhut, Großblütiger 43
Fingerhut, Großblütiger x Roter 43
Fingerhut, Roter 8, 11, 42
Fingerkraut, Clusius- 181
Fingerkraut, Gänse- 181
Fingerkraut, Hohes 180
Fingerkraut, Weißes 181
Flockenblume, Berg- 108
Flockenblume, Trionfettis 109
Flockenblume, Wiesen- 109
Fragaria moschata 129
Fragaria vesca 128
*Fragaria viridis*129
Frauenmantel, Berg- 71
Frauenmantel, Kahler 71
Frauenmantel, Kalk- 70
Frauenmantel, Verwachsener 71

G

Galanthus nivalis 157
Galatella cana 85
Galeopsis angustifolia 23
Galeopsis pubescens 23
Galeopsis speciosa 22
Galeopsis tetrahit 23
Galium album 131
Galium boreale 131
Galium odoratum 131
Galium verum 130
Gamswurz, Clusius- 115
Gamswurz, Großköpfige 115
Gamswurz, Kriechende 114
Gamswurz, Österreicher- 115
Gänseblümchen 90
Geißbart, Wald- 82
Geranium phaeum 133
Geranium pratense 132
Geranium sanguineum 133
Geranium sylvaticum 133
Geum aleppicum 135
Geum montanum 135
Geum rivale 134
Geum urbanum 135
Gilbweiderich, Echter 165
Gilbweiderich, Hain- 165
Gilbweiderich, Punktierter 165
Glebionis coronaria 207
Glockenblume, Acker- 96
Glockenblume, Ährige 97
Glockenblume, Breitblättrige 97
Glockenblume, Knäuel- 97
Goldnessel 150
Greiskraut, Alpen- 200
Greiskraut, Berg- 201
Greiskraut, Eberrauten- 201
Greiskraut, Raukenblättriges 201
Günsel, Gelb- 69
Günsel, Genf- 69
Günsel, Kriechender 68
Günsel, Pyramiden- 69

H

Habichtskraut, Bauhins 177
Habichtskraut, Braunes 177
Habichtskraut, Langhaariges 177
Habichtskraut, Oranges 176
Habichtskraut, Wald- 95
Hacquetia epipactis 136
Hahnenfuß, Gold- 125
Hahnenfuß, Zungen- 125
Hainsimse, Schneeweiße 162
Hainsimse, Vielblütige 163
Hainsimse, Wald- 163
Hainsimse, Weißliche 163
Hauswurz, Berg- 199
Hauswurz, Dach 198
Hauswurz, Spinnweb- 199
Hauswurz, Wulfens 199
Heckenkirsche, Alpen- 193
Hedera helix 138
Helleborus dumetorum 141
Helleborus foetidus 140
Helleborus niger 141

Helleborus viridis 141
Hesperis matronalis 48
Hesperis matronalis subsp. *candida* 49
Hesperis sylvestris 49
Hesperis tristis 49
Hieracium murorum 95
Himmelsleiter 178
Hohlzahn, Bunter 22
Hohlzahn, Echter 23
Hohlzahn, Schmalblättriger 23
Hohlzahn, Weichhaariger 23
Holunder, Roter 193
Holunder, Schwarzer 193
Holunder, Zwerg- 8, 192
Honorius boucheanus 143
Honorius nutans 142
Hundskamille, Färber- 10, 76
Hundskamille, Österreicher- 77
Hundskamille, Stinkende 77
Hundskamille, Trionfettis 77
Hundszunge, Echte 40, 93
Hyoscyamus niger 50
Hypericum barbatum 145
Hypericum hirsutum 145
Hypericum maculatum 145
Hypericum perforatum 144

I

Immergrün, Kleines 216, 217
Immergrün, Krautiges 217
Inula britannica 147
Inula ensifolia 147
Inula germanica 147
Inula hirta 146
Iris graminea 149
Iris humilis 149
Iris sibirica 148
Iris x *germanica* 149

J

Johanniskraut, Bärtiges 145
Johanniskraut, Behaartes 145
Johanniskraut, Echtes 144
Johanniskraut, Geflecktes 145
Jurinea mollis 59

K

Kälberkropf, Würz- 31
Karde, Borsten- 45
Karde, Schlitzblättrige 45
Karde, Weber- 45
Karde, Wilde 44
Kickxia spuria 111
Klasea lycopifolia 59
Klee, Fuchsschwanz- 212
Klee, Gold- 213
Klee, Hügel- 213
Klee, Mittlerer 213
Knotenblume, Frühlings- 156
Knotenblume, Sommer- 157
Königsfarn 117
Königskerze, Dunkle 61
Königskerze, Großblütige 61
Königskerze, Pracht- 10, 60
Königskerze, Violette 61
Konrade 53
Kornblume 109
Kratzdistel, Klebrige 39
Kratzdistel, Krainer 39
Kratzdistel, Verschieden-blättrige 39
Kratzdistel, Wollkopf- 38
Kresse, Breitblättrige 171
Krokus, Illyrischer 106
Kugeldistel, Bienen- 118
Kugeldistel, Hohe 119
Kugeldistel, Knospige Bienen- 119
Kugeldistel, Ruthenische 119
Kuhschelle, Berg- 189
Kuhschelle, Echte 188
Kuhschelle, Frühlings- 189
Kuhschelle, Große 189

L

Labkraut, Echtes 130
Labkraut, Nordisches 131
Labkraut, Weißes 131
Lamiastrum montanum 150
Lamium album 151
Lamium maculatum 151
Lamium orvala 151
Lathyrus laevigatus 153
Lathyrus latifolius 152
Lathyrus niger 153
Lathyrus pratensis 153
Lauch, Bär- 72
Lauch, Berg- 73
Lauch, Gekielter 73
Lauch, Gelber 73
Leimkraut, Echtes 21
Leimkraut, Nelken- 20
Lein, Alpen- 159
Lein, Gelber 159
Lein, Klebriger 159
Lein, Österreicher- 10, 158
Leinkraut, Alpen- 111
Leinkraut, Echtes 111
Leontodon hispidus 95
Lepidium latifolium 171
Lerchensporn, Festknolliger 185
Lerchensporn, Gelber 184
Lerchensporn, Hohlknolliger 185
Lerchensporn, Zwerg- 185
Leucanthemum atratum 155
Leucanthemum heterophyllum 155
Leucanthemum ircutianum 155
Leucanthemum vulgare 154
Leucojum aestivum 157
Leucojum vernum 156
Lichtnelke, Jupiter- 53
Lichtnelke, Kranz- 52
Lichtnelke, Kuckucks- 53
Liebstock, Glänzender 31
Linaria alpina 111
Linaria vulgaris 111
Linum alpinum 159
Linum austriacum 158
Linum flavum 159
Linum viscosum 159
Löffelkraut, Echtes 171
Loncomelos pyrenaicus 143
Lonicera alpigena 193
Lunaria rediviva 160

Lungenkraut, Echtes 187
Lungenkraut, Schmalblättriges 187
Lungenkraut, Südliches 187
Lungenkraut, Weiches 186
Luzlula luzuloides 163
Luzula multiflora 163
Luzula nivea 162
Luzula sylvatica 163
Lychnis coronaria 52
Lychnis flos-cuculi 53
Lychnis flos-jovis 53
Lychnis viscaria 218
Lysimachia nemorum 165
Lysimachia nummularia 164
Lysimachia punctata 165
Lysimachia vulgaris 165
Lythrum salicaria 166

M

Mädesüß, Echtes 126
Mädesüß, Knolliges 127
Malva alcea 55
Malva moschata 55
Malva neglecta 55
Malva sylvestris 54
Malve, Bisam- 55
Malve, Weg- 55
Malve, Wilde 54
Margerite, Schwarzrandige 155
Margerite, Sibirische 155
Margerite, Verschiedenblättrige 155
Margerite, Wiesen- 154
Matteuccia struthiopteris 117
Mauerpfeffer, Blaugrüner 197
Mauerpfeffer, Dickblatt- 197
Mauerpfeffer, Scharfer 197
Mauerpfeffer, Weißer 10, 196
Meerkohl, Echter 171
Melampyrum arvense 24
Melampyrum cristatum 25
Melampyrum subalpinum 25
Miere, Lärchenblättrige 203
Milchkraut, Steifhaariges 95
Milchstern, Dolden- 143
Milchstern, Grüner 143
Milchstern, Nickender 142
Milchstern, Pyrenäen- 143
Milzkraut, Wechselblättriges 104
Minurtia laricifolia 203
Moehringia muscosa 203
Mohn, Klatsch- 26
Mohn, Rätischer Alpen- 27
Mohn, Saat- 27
Mohn, Weißblütiger 27
Mönchskraut, Braunes 93
Mondviole, Wilde 160
Moorenzian 37
Mutterkraut 207
Myosotis alpestris 57
Myosotis scorpioides 57
Myosotis sylvatica 56

N

Nabelmiere, Moos- 203
Nabelnüsschen 93
Nachtschatten, Bittersüßer 173
Nachtschatten, Schwarzer 173
Nachtviole, Echte 48
Nachtviole, Glänzende 49
Nachtviole, Trübe 49
Nachtviole, Wilde 49
Narcissus poeticus 169
Narcissus pseudonarcissus 169
Narcissus radiiflorus 169
Narzisse, Dichter- 169
Narzisse, Gelbe 168
Narzisse, Stern- 169
Natternkopf, Echter 10, 46
Nelke, Bart- 113
Nelke, Heide- 112
Nelke, Kartäuser 113
Nelke, Monpellier- 113
Nelkenwurz, Aleppo- 135
Nelkenwurz, Bach- 134
Nelkenwurz, Berg- 135
Nelkenwurz, Stadt- 135
Nesselkönig 151
Nieswurz, Grüne 141
Nieswurz, Hecken- 141
Nieswurz, Stinkende 140
Nonea pulla 93

O

Ochsenauge 94
Odermennig, Echter 221
Odermennig, Wohlriechender 221
Omphalodes verna 93
Onopordium acanthium 58
Ornithogalum umbellatum 143
Osmunda regalis 117
Osterluzei, Echte 80

P

Papaver albiflorum 27
Papaver alpinum subsp. *rhaeticum* 27
Papaver dubium 27
Papaver rhoeas 26
Pechnelke, Echte 218
Peltaria alliacea 170
Pfennigkraut 164
Physalis alkekengi 172
Phyteuma betonicifolium 175
Phyteuma orbiculare 175
Phyteuma ovatum 175
Phyteuma spicatum 174
Pilosella aurantiaca 176
Pilosella bauhini 177
Pilosella fusca 177
Pilosella officinarum 177
Platterbse, Breitblättrige 152
Platterbse, Gelbe 153
Platterbse, Schwarze 153
Platterbse, Wiesen- 153
Polemonium caeruleum 178
Potentilla alba 181
Potentilla anserina 181
Potentilla clusiana 181
Potentilla recta 180
Primel, Aurikel x Leim- 183
Primel, Mehl- 183
Primula elatior 183
Primula farinosa 183

Primula vulgaris 182
Primula x *pubescens* 183
Pseudofumaria lutea 184
Pulmonaria angustifolia 187
Pulmonaria australis 187
Pulmonaria mollis 186
Pulmonaria officinalis 187
Pulsatilla grandis 189
Pulsatilla montana 189
Pulsatilla vernalis 189
Pulsatilla vulgaris 188

Q
Quendel, Alpen- 211
Quendel, Arznei- 211
Quendel, Frühblühender 10, 210
Quendel, Sand- 211

R
Rainfarn 206
Ranunculus auricomus 125
Ranunculus ficaria 124
Ranunculus lingua 125
Rapunzel, Ähren- 174
Rapunzel, Betonienblättrige 175
Rapunzel, Hallers 175
Rapunzel, Rundköpfige 175
Rhaponticum scariosum 59

S
Salbei, Hain- 191
Salbei, Klebriger 190
Salbei, Österreicher- 191
Salbei, Wiesen- 191
Salvia austriaca 191
Salvia glutinosa 190
Salvia nemorosa 191
Salvia pratensis 191
Salzaster, Pannonische 85
Sambucus ebulus 192
Sambucus nigra 193
Sambucus racemosa 193
Saponaria lutea 195
Saponaria ocymoides 194
Saponaria officinalis 195
Saponaria pumila 195
Schafgarbe, Bertram- 67
Schafgarbe, Bitter- 67
Schafgarbe, Großblatt- 67
Schafgarbe, Wiesen- 66
Schaftdolde 136
Scharbockskraut, Echtes 124
Scharbockskraut, Nacktstängeliges 124
Scheibenschötchen, Lauch- 170
Schlüsselblume, Schaftlose 182
Schlüsselblume, Wald- 183
Schneeglöckchen 157
Schwertlilie, Deutsche 149
Schwertlilie, Grasblättrige 149
Schwertlilie, Sand- 149
Schwertlilie, Sibirische 148
Sedum acre 197
Sedum album 196
Sedum dasyphyllum 197
Sedum hispanicum 197
Segge, Hängende 101
Segge, Inn- 101
Segge, Monte-Baldo- 101
Segge, Zyperngras- 100
Seifenkraut, Echtes 195
Seifenkraut, Gelbes 195
Seifenkraut, Rotes 194
Seifenkraut, Zwerg- 195
Sempervivum arachnoideum 199
Sempervivum montanum 199
Sempervivum tectorum 198
Sempervivum wulfenii 199
Senecia abrotanifolius 201
Senecio cordatus 200
Senecio erucifolius 201
Senecio subalpinus 201
Sigmarswurz 55
Silberscharte 59
Silene armeria 20
Silene coronaria 52
Silene dioica 21
Silene latifolia 21
Silene vulgaris 21
Solanum dulcamara 173
Solanum nigrum 173
Spiere, Kriechende 127
Spiere, Weidenblättrige 127
Spiraea decumbens 127
Spiraea salicifolia 127
Spornblume, Rote 102
Steinkraut, Berg- 89
Steinkraut, Felsen- 88
Steinkraut, Kelch- 89
Steinkraut, Kriechendes 89
Steinsame, Purpurblauer 92
Stellaria graminea 203
Stellaria holostea 202
Steppenaster, Graue 85
Sterndolde, Bayerische 87
Sterndolde, Große 86
Sterndolde, Krainer 87
Sternmiere, Gras- 203
Sternmiere, Große 202
Stiefmütterchen, Feld- 62
Storchschnabel, Blut- 133
Storchschnabel, Brauner 133
Storchschnabel, Wald- 133
Storchschnabel, Wiesen- 11, 132
Straußenfarn 117
Swertia perennis 37
Symphytum bulbosum 205
Symphytum officinale 204, 205
Symphytum tuberosum 205

T
Tanacetum corymbosum 207
Tanacetum parthenium 207
Tanacetum vulgare 206
Tännelkraut, Eiblättriges 111
Taubnessel, Gefleckte 151
Taubnessel, Weiße 151
Tausendgüldenkraut, Echtes 36
Tausendgüldenkraut, Kleines 37
Thalictrum aquilegifolium 208
Thalictrum flavum 209
Thalictrum lucidum 209
Thalictrum minus 209
Thymus praecox 210

Thymus praecox subsp. *polytrichus* 211
Thymus pulegioides 211
Thymus serpyllum 211
Tollkirsche 51
Trifolium alpestre 213
Trifolium aureum 213
Trifolium medium 213
Trifolium rubens 212
Triopolium pannonicum 85

V

Veilchen, Hunds- 63
Veilchen, Weißes 63
Veilchen, Wohlriechendes 63
Verbascum densiflorum 61
Verbascum nigrum 61
Verbascum phoeniceum 61
Verbascum speciosum 60
Vergissmeinnicht, Alpen- 57
Vergissmeinnicht, Sumpf- 57
Vergissmeinnicht, Wald- 56
Veronica austriaca 215
Veronica chamaedrys 215
Veronica spicata 215
Veronica teucrium 214
Vinca herbacea 217
Vinca minor 216, 217
Viola alba 63
Viola canina 63
Viola odorata 63
Viola tricolor 62
Viscaria vulgaris 218

W

Wachtelweizen, Acker- 24
Wachtelweizen, Kamm- 25
Wachtelweizen, Voralpen- 25
Waldmeister 131
Waldnelke, Rote 21
Waldnelke, Weiße 21
Waldsteinia ternata 220
Waldsteinie, Dreiblättrige 219
Weidenröschen, Quirlblättriges 121
Weidenröschen, Rosmarin- 121
Weidenröschen, Schmalblättriges 120
Weidenröschen, Zottiges 121
Weiderich, Blut- 166
Wiesenraute, Akeleiblättrige 208
Wiesenraute, Gelbe 209
Wiesenraute, Glänzende 209
Wiesenraute, Kleine 209
Windröschen, Busch- 74
Windröschen, Dreiblättchen- 75
Windröschen, Gelbes 75
Windröschen, Großes 75
Wolfsfußscharte 59
Wolfsmilch, Mandelblättrige 123
Wolfsmilch, Österreicher- 123
Wolfsmilch, Vielfarbige 123
Wolfsmilch, Zypressen- 122
Wucherblume, Kronen- 207
Wucherblume, Strauß- 207
Wurmfarn, Breiter 117
Wurmfarn, Echter 116

Z

Zahnwurz, Ausläufer- 99
Zahnwurz, Fünfblättrige 98
Zahnwurz, Quirlblättrige 99
Zahnwurz, Zwiebelchen- 99
Zimbelkraut 110